同文書庫·厦門文獻系列 第四輯
捌

玉屏書院課藝

曾兆鼇·編

厦门大学出版社
XIAMEN UNIVERSITY PRESS
国家一级出版社
全国百佳图书出版单位

图书在版编目(CIP)数据

玉屏书院课艺/(清)曾兆鳌编.—厦门:厦门大学出版社,2019.12
(同文书库.厦门文献系列.第四辑)
ISBN 978-7-5615-7577-2

Ⅰ.①玉… Ⅱ.①曾… Ⅲ.①书院—课堂教学—厦门—清代—文集
Ⅳ.①G649.299.573-53

中国版本图书馆 CIP 数据核字(2019)第 273315 号

出 版 人 郑文礼
责任编辑 薛鹏志 章木良
封面设计 李嘉彬
技术编辑 朱 楷

出版发行 厦门大学出版社
社 址 厦门市软件园二期望海路 39 号
邮政编码 361008
总 机 0592-2181111 0592-2181406(传真)
营销中心 0592-2184458 0592-2181365
网 址 http://www.xmupress.com
邮 箱 xmup@xmupress.com
印 刷 厦门集大印刷厂

开本 787 mm×1 092 mm 1/16
印张 30
插页 3
字数 450 千字
印数 1~1 000 册
版次 2019 年 12 月第 1 版
印次 2019 年 12 月第 1 次印刷
定价 300.00 元

厦门大学出版社
微信二维码

厦门大学出版社
微博二维码

目錄

前言……陳峰 一
玉屏書院課藝…… 一
玉屏課藝上卷…… 一
玉屏課藝下卷…… 二一一

前言

《玉屏書院課藝》上、下卷，清曾兆鼇輯。清光緒七年（一八八一年）玉屏書院刻本，半頁九行，每行二十五字，白口，四周雙邊，無界欄，單魚尾。內封題爲《玉屏書院課藝》，題名左右兩欄分别題爲『光緒辛巳選刊』『玉屏藏板』，而書衣則題作《玉屏課藝》，書口所題亦然。是書輯同治、光緒年間厦門玉屏書院生童的優秀課藝共一百二十篇，目分大學、中庸、上論（論語上）、下論（論語下）、三孟（孟子上中下），篇後附有編撰人點評，以供衆生童學習參考。是書尚存，今有光緒七年（一八八一年）玉屏書院刻本二册藏厦門市圖書館，本書據該藏本影印。

一、玉屏書院及其考課

厦門玉屏書院是古代厦門島上創建較早、規模和影響最大的書院，坐落在厦門老城東北隅。其處山岩有巨石屹立如刀削，如屏障，故稱玉屏山。玉屏山麓舊時曾辦有義學，海氛時廢圮。清康熙二十二年（一六八三年）臺灣平定後，威略將軍吴英駐防厦門，於康熙三十七年（一六九八年）在舊時義學的遺址上創建文昌殿、萃文亭，又作降乩作詩的小堂一間，名曰『賣詩店』。康熙五十九年（一七二〇年），又有戶部郎中雅奇建集德堂，增置學舍，作爲士子課文之所。但後來生徒寥落，學舍爲僧人所占。

清乾隆十六年（一七五一年），南澳總兵代理福建水師提督倪鴻範與分巡興泉永道白瀛、厦防同知許逢元，會同地方士紳黃日紀、林翼池、劉承業、廖飛鵬等人共同謀劃創辦書院。於是，逐僧徒，遷佛像，勸募捐金二千餘，於是年十月動工，在文昌殿右辟地拆舊屋，蓋講堂一所，其旁齋廡八間。以其中兩間齋廡供館役住宿，其餘作爲學舍。次年十一月峻工，因背靠玉屏山而命名『玉屏書院』。

嗣後，因生童驟增，學舍不足，膏火之費亦缺。乾隆二十七年（一七六二年），興泉永道譚尚忠勸紳士黃日紀等捐銀三千餘兩，交厦防廳生息，用以資備膏火費。乾隆二十九年（一七六四年），黃日紀復買文昌殿左側瓦屋二十餘間，建崇德堂、芝蘭室、漱芳齋以充學舍。乾隆五十三年（一七八八年），新任興泉永道胡世銓捐資購置『經、史、子、集』和『九通』等書萬餘冊，存貯院內，供學子閱覽。並飭厦防同知黃奠邦清查書院經費開支。嘉慶年間，厦防同知葉紹棻、薛凝度也先後勸捐修理書院。清道光十五年（一八三五年），興泉永道周凱倡議重修拓建玉屏書院。爲避免經辦人克扣，周凱倡『各修法』，即由捐資人直接認領修復項目。周凱本人和水師提督陳化成，舉人呂世宜、李應瑞、淩翰，生員林錫朋等以及衆典商分別捐資認修，重修拓建禦山閣、崇德堂、漱芳齋、芝蘭室、三臺閣等二十多處建築做爲齋舍，『次第興舉，彼此爭美，較前又加華焉』（《厦門市志》卷二二《學校志》）。

自乾隆以降，玉屏書院在歷任興泉永道和厦防同知的關注呵護下，不僅講堂齋舍多有修葺擴建，且常常勸諭紳商輸金助學，故經費較爲充裕，其額定束脩金額、生童每月膏火費均得保障。又選立賢能者擔任董事、山長、齋長，召聘名人名士擔任書院主講；勸捐購買書籍，以備生童披閱。種種舉措，令玉屏書院名聲顯揚，四方弟子紛紛入學書院。

玉屏書院之所以備受地方官員的支持，與清朝統治者的文教政策密切相關。清朝以少數民族入主中原，初時民族矛盾尖鋭激烈。爲此，清朝統治者對知識分子的講學、著書進行鉗制和禁毁的同時，採用懷柔拉攏策略，盡可能地吸取、提倡漢族文化，把程朱理學推崇爲治國大綱，並使之與八股取士相結合，以誘導知識分子的順服。自順治朝始，清政府即沿襲明代的科舉制度，『倡道興學』，設置各級官學。又將原産生於民間的書院納入官學的軌道，以『輔學校之所不及』。玉屏書院的創辦，也正是爲了填補厦門島内官學的空白，以達到實施科舉教育的目的。因此，玉屏書院的教學體制，基本上是圍繞著科舉制度進行的。

首先是其選立的山長，都是出身於科舉的名宦學士。山長是一院之長，其更爲主要的職責是傳道授業，故其資歷一般要求進士出身或與進士同等。玉屏書院的首任山長郭邁，同安人，乾隆七年（一七四二年）進士，曾任浙江景甯縣知縣。其『主講玉屏書院，日擁臯比，進諸生，講解經説，嚴密課程，厦人士言師範者歸焉』（《同安縣誌》卷三一《文苑》）。其後歷任的山長有曾任湖北長樂知縣的同安進士黄濤，『閩南學者仰之如泰山北斗』（《同安縣誌》卷二九《儒林》）；有曾任翰林院編修官的漳浦進士藍應元，主講玉屏書院時以善教著稱。其後歷任的山長中較著名的還有曾任國子監學正的福清進士郭龍光，有曾任江西布政使等職的閩縣進士趙在田，有曾任國史館纂修、禮部右侍郎等職的莆田進士郭尚先，有歷任冀、景、深等州知州的莆田進士陳池養，有福建自朱梅崖後繼起爲古文詞領軍人物的光澤舉人高澍然，有曾代理陝甘總督的莆田進士林揚祖，有曾任江南道監察御史的晉江進士陳慶鏞，等等。《玉屏書院課藝》的編纂者曾兆鼇亦是進士出身。這些學識淵博、閱歷豐厚的閩省名宦學士，均爲科舉過來之人，故掌教玉屏書院之時，皆以孔孟先聖的言行及歷代名賢的行跡爲典範。如乾隆五十三年（一七八八年），新任興泉永道胡世銓重訂章程，條錄朱熹的《白鹿洞學規》和陳桂林相國的《學約》十則，與章程並刊成帙，嚴明學紀和考課。莆田進士林揚祖主玉屏書院時，給書院生童講課，所講內容盡關乎科場考試之利弊，而聖賢佳作佳句，皆一一條分縷析。

其次是書院的考課制度是爲了生童適應以後參加科舉考試的需要而建立的。考課，是書院爲考核生童學業所舉行的定期考試。明代書院是名儒賢士講學授徒的場所，早期與科舉考試關連不大。萬曆年間，始有考課，生童逐月參加考試，稱作月課。課卷經山長品評，確定等第，發給獎金，類似官學廩給制度。清代，官方對書院嚴格控制，特重考課，書院成爲以考課爲主的科舉預備場所，考課逐漸形成一種完善的學業考核制度。清代書院的考課，一般每月課試兩次：一次爲官課，由地方官輪流出題、閱卷，給獎；一次爲師課，由山長出題、評卷，書院給獎。也有的書院每月課試兩次以上。『除丁憂、患病、遊學、有事故外，不應月課三次者戒飭，無故終年不應者黜革。』（《清史稿》卷一一六《職官志三》）考課制度之作用，在於考察學行，激勵向學，甄別黜陟。而其根本目的，還在於爲科舉考試做準備，是應對科舉的模擬考試。

作爲應對科舉的模擬考試，故其考試時所作的文章，與科舉考試制度所規定的文體是一致的。科舉考試是皇帝命令考試『士子』之事，皇帝之命令稱作『制』，皇帝命作的文藝就叫作『制藝』。制藝，也叫制義、時文、時藝、八比文，而最爲人們所熟悉的叫法是『八股文』。作爲科舉考試規定的文體，從童試到鄉試、會試都要用它。不會寫八股文，就無法通過科舉考試，就難以做官。書院考課當然是以之爲標準，所以考課之制藝稱作『課藝』。

與清代各書院一樣，玉屏書院以考課爲主要教學活動，以制藝爲考課內容，其宗旨就是讓生童熟練掌握以『八股文』爲固定格式的寫作模式。生童入院須參加道署舉行的考試，稱『觀風』，優取生員、童生各二十名，其送生童各十名入院肄業，發給膏火銀；另生童十名院外肄業，不給膏火銀（各個時期的院內、院外生童的數量和膏火銀略有不同）。生童每月參加三期考課。考課由山長出題、評卷，興泉永道、廈防分府每月亦參加考課命題、閱卷、評定。考課前三名給予獎勵，官課還加以獎賞，並以三次考試成績高低決定生童的進退黜陟。

二、《玉屏書院課藝》及其輯作者

《玉屏書院課藝》是玉屏書院考課的制藝選編。其所收制藝文章題日，內容主要來源於《大學》《中庸》《論語》《孟子》等儒家經典，結構均爲八股形式。其中，以《大學》的章句爲題的有九篇，以《中庸》的章句爲題的有二十二篇，以《論語》的章句爲題的有六十九篇，以《孟子》的章句爲題的有三十一篇，每篇後附有編撰人點評。

《玉屏書院課藝》的編輯者乃清同治三年至光緒七年（一八六四—一八八一年）主講玉屏書院的曾兆鼇。曾兆鼇（一八一六—一八八三），福建閩縣洪塘鄂里（今屬福州倉山區）人。清道光二十四年（一八四四年）進士，歷任刑部浙江司主事、道臺銜陝西即補知府、升用候補道臺等職。其祖父曾暉春、父親曾元炳（榜名元卿）、兒子曾宗彦及其本人四代直系接連進士，爲清代福建所僅見。曾兆鼇歸田後，受聘於玉屏書院，司掌講席十八年。

《玉屏書院課藝》選刊於光緒辛巳，即光緒七年（一八八一年）。據曾兆鼇作於『光緒辛巳中秋前一日』的序稱，其時『客秋山居多暇，聚舊課將録而梓之』。想是曾兆鼇已辭講席之職，閑賦山居，得空暇以整理其學生所作之課藝。而『庚午以前存者寥寥，因就近歲掇拾得文百二十篇』，可知本書所收之課藝，乃作於庚午年之後、光緒辛巳年之前，即同治九年至光緒七年（一八七〇—一八八一年）之間，個別的爲同治九年之前的生員，如陳扶搖。

曾兆鼇所選的一百二十篇課藝，爲此段時間就讀於玉屏書院的生員或童生所作，計八十名。在這些生童中，被選刊兩篇以上制義者有二十人。其中，王尊光、王步蟾各六篇，吕澄五篇，鄭亨、吕寅、曾士玉各四篇，陳丹桂、王步瀛、方兆福各三篇，孫延勳、沈國器、楊鴻文、胡承烈、曾廷芬、馬近光、歐陽蓂、周殿修、胡玉峰、陳秉乾、林雲章各兩篇，合計六十篇，占全書篇數的一半。其他選刊一篇者有六十人，亦占全書篇數的一半。

這些選文的作者，當然是爲了循蹈科舉之路以求步入仕途，然而，並非寄身於翰墨之間即能如願以償。清代科舉考試，有童試、鄉試、會試、殿試四級。童試，即童生試，是科舉時代參加科舉的資格考試，包括縣試、府試和院試三個階段的考試。習舉業的讀書人通過縣試、府試可稱作『童生』，通過院試的童生稱『生員』，俗稱『秀才』，算是有了功名。童試只是讀書士子的進身之始。鄉試，是每三年一次在各省省城（包括京城）舉行的考試，本省生員與監生、蔭生、官生、貢生，經科考、歲科、録遺合格者，方可應試，考中者稱『舉人』。福建省每次的名額約爲百人，且三年一考，故其難度可想而知。會試，是每三年一次在京師舉行的中央考試，應考者爲各省的舉人，錄取者稱『貢士』，全國錄取名額自百餘名至二三百名不等，更是難上加難。貢士最後還得參加皇帝主持的殿試，通過殿試者爲『進士』，分三甲授職入官。

《玉屏書院課藝》選文的作者，有的可能當時剛通過童試成爲生員，有的甚至還沒邁開第一步，其後科舉之途可謂步步艱難。在這八十名生童中，走完四級考試達到最高階的有進士葉大年。葉大年（一八六三—一九〇九），字廉卿，號梅珊，同安縣厦門蓮坂人。光緒十七年（一八九一年）舉人，翌年連捷進士，授翰林院編修。三十二年（一九〇六年）與周殿薰等創辦厦門中學堂。著有《太史葉大年梅珊公詩集》。《玉屏書院課藝》收入其課藝一篇，題作《盈科》。此外，八十名生童中有沈國器者，民國《厦門市志·人文志》稱其爲同治十二年（一八七三年）舉人，光緒三年（一八七七年）進士。然《安溪姓氏志》稱沈國器爲科舉時代安溪最後一名進士，不知是否同一人？且存疑。

史志可查的考中舉人者有十七人，除葉大年、沈國器外，還有：同治六年（一八六七年）的陳扶搖，九年（一八七〇年）的鄭亨，十二年（一八七三年）的曾士玉、方兆福（解元）；光緒元年（一八七五年）的林鶚翀、楊熊飛，二年（一八七六年）的胡承烈、陳宗超、陳旭升，五年（一八七九年）的王步蟾，八年（一八八二年）的何龍、曾國華，十五年（一八八九年）的周麟書，十九年（一八九三年）的呂澄，二十三年（一八九七年）的周殿修。其中，王步蟾、呂澄、周殿修等人後來成爲清末閩南知名學者，名列《厦門市志》人物傳中。

王步蟾（一八五五—一九〇四），字金波，號桂庭，同安縣厦門人。幼聰穎，應縣府試名列前茅，每年歲考屢屢第一。光緒二年（一八七六年）以優貢入國子監，光緒五年（一八七九年）舉人。精研經史，詩文高雅。授閩清縣教諭，抵任即辭歸厦門，『專心課讀，掌教禾山、紫陽書院，誘掖後進，不遺餘力』（《厦門市志·文苑傳》）。性剛直，日人欲劃虎頭山爲租界，士紳抗議，他尤爲堅決。著有《小蘭雪堂詩抄》。《玉屏書院課藝》收入其課藝六篇，與王尊光並列第一。

呂澄（約一八四六—一九〇八）字淵甫，號默菴，同安縣厦門人。光緒十二年（一八八六年）拔貢，授州判，以母老請改教諭。十九年（一八九三年）舉人，考卷《易藝》進呈御覽，一時傳誦。曾主講於玉屏、紫陽、滄江各書院，『遊其門者，多以古文名』（《厦門市志·文苑傳》）。著有《青筠堂集》。《玉屏書院課藝》收入其課藝五篇，排名第二。

周殿修，字梅史，號曙城，同安縣杏林人，居厦門。光緒二十三年（一八九七年），與弟殿薰同時考中舉人，兄弟倆試卷均刊於闈墨，傳誦一時。清末興辦學校，受聘爲官立中學堂監督。『學者聞風向附，遊從達數百人。』（《厦門市志·文苑傳》）著有《棣華館詩草》。《玉屏書院課藝》收入其課藝二篇。

《厦門市志》人物傳中赫然在列者，還有：

鄭亨，原名捷亨，字聯三，號嘉士，海澄籍，居厦門。同治九年（一八七〇年）舉人，實有才能，卻連續三次會試未中，逐經大挑授予知縣之職。後『設帳授徒福河宫，從遊者多成名』（《厦門市志·文苑傳》）。

方兆福，字六謙，號星航，同安縣厦門禾山人，住美頭社。同治十二年（一八七三年）解元（鄉試第一名）。爲文『情韻悠然，字詔秀圓潤，詩俊逸沮新』（《厦門市志·文苑傳》），著有《篔簹漁隱集》。

楊熊飛，字璜文，號謂臣，同安縣厦門人。光緒元年（一八七五年）舉人，在京師内閣供職。後棄官返鄉，教授門徒。

陳宗超，字敦五，號墨齋，居厦門溪岸。光緒二年（一八七六年）舉人。『講論四子書，務爲程朱之學』，『著《四子要旨》，皆確有心得語』（《厦門市志·儒林傳》）。

選入京師國子監讀書的貢生有三人，爲光緒七年（一八八一年）的陳德瑩，光緒十一年（一八八五年）的李觀瀾、歐陽蓂，乃生員中之佼佼者，屬於高級知識階層了。其中歐陽蓂亦名列《厦門市志·文苑傳》。

上述二十餘名獲功名者，雖只占八十名生童的四分之一，然於艱難的科舉之途能有此建樹，玉屏書院之貢獻匪輕。多數生童雖然未能查到其功名，但是也有於方志中顯露足跡，如歐陽弼者，『厦道司徒氏見其春貼，延入署中課讀，頗能獎勵後學』（《厦門市志·藝術傳》）；陳丹詔者，『及門高材生多蜚聲黌序』（《厦門市志·文苑傳》），均爲人師表，頗有建樹。而黃登第者，雖行賈，然對於所從學之師，仍『執弟子禮如初』（《厦門市志·孝友傳》），孔孟之學不敢忘。

三、《玉屏書院課藝》的歷史功用與存世價值

如前所述，科舉考試制度所規定的文體是制藝，也就是八股文，於明清兩代，基本上是所有官私學校的必修課，故書院考課也重在習演八股文。這種文體有一套固定的格式，由破題、承題、起講、入手、

起股、中股、後股、束股八個部分組成，每一部分的句數、句型也都有嚴格的限定。一篇八股文的字數，清順治時定爲五百五十字，康熙時爲六百五十至七百字。其考試内容是以『四書五經』的章句出題，生童以古人思想行文，並根據程朱學派的注疏發揮，也就是『代聖人立言』，考生只能依照道學意旨循規蹈矩，不可自行發揮。

《玉屏書院課藝》中一百二十篇課藝的謀篇，基本上都是遵循八股文的寫法。特以王步蟾的《伊尹聖之任（二句）》一篇爲例，看看這些課藝是怎樣的一套程式。其全文如下：

有見爲任與和者，别乎清而各成爲聖焉。（破題）

夫任也、和也，異於清者也，然其爲聖則同耳。伊尹、柳下惠不與夷各造其極乎？（承題）

旦論聖人者，不觀其抱負所存，無以見其聖功之偉也；不驗其襟懷所藴，無以明聖度之宏也。自命者君師之責，以身荷天下則非獨潔其身；相容者天地之心，以量納斯人而不稍隘其量。（起講）

閑嘗仰阿衡之盛烈，懷展氏之芳蹤，覺志節雖異懷清，而品詣均爲造極爾。則試進伯夷而更言伊尹、柳下惠。（入手）

耕莘苟以清操爲高，則一介常嚴，詎不如夷之亮節，何以登西山者群稱□士，佐商亳者竟作名臣？出處判爲兩途，尹與夷若殊其志趣也。仕魯苟以清修自詡，則三公不易，豈遂遜夷之孤標，何以生貴胄者甘作餓□，困下寮者終淹宗國？師資同乎百世，惠與夷若異厥性情也。（起股）

然則尹也、惠也，果何由見其爲聖乎？聖人無急功近名之見，而規模宏遠，特舉千古之心傳治法，取而歸諸責任之中。雖願望有似過奢，而內則念舍我其誰，外則慮斯人不出。天人交迫，當躬之擔荷，自覺難寬。後之人想其豐功，乃知聖之任固如是也，伊尹有之。聖人無狥人枉己之爲，而氣象雍容，直化一世之躁氣矜情，馴而養以和平之福。雖豐裁非不自勵，而涵育於性天既厚，陶鎔於學問又深。物我胥忘，斯世之形骸，不覺俱化。後之人挹其雅範，始知聖之和乃如斯也，柳下惠有之。此其聖有與夷同造其極者焉。（中股）

任者苟非至仕，何以暴君可事？就以五而不辭。和者苟非至和，何以故國可懷？黜之三而不去。可知尹與惠自行其素，故與採薇遺老極詣同臻耳。所以於任見聖之有爲，奏其勳用割夏邑；於和見聖之無我，薰□德如被春風，此其聖有與夷各見其偏者焉。任者一與任，爲兼善不爲獨善，惟切牖民覺世之思；和者一與和，爲近情不爲矯情，遑恤降志辱身之誚。可知尹與惠各率其真，實□叩馬逸□偏端各囿耳。（後股）

所以仕得乎聖之義，讓不妨變爲征；和得予聖之仁，仕初無殊乎隱。此尹與惠所爲，與伯夷等也。觀於孔子□□□，豈夷之清比，又尹、惠之任且和比哉。（束股）

王步蟾此篇課藝，其題出自《孟子・萬章下》：『孟子曰：「伯夷，聖之清者也；伊尹，聖之任者也；柳下惠，聖之和者也；孔子，聖之時者也。」』這是孟子的『四聖論』，列出了四種聖人。此文即以其中間兩句爲題，其意思是：伊尹達到聖人的境界表現在於他勝任工作上，柳下惠達到聖人的境界表現在於他思想和諧上。

破題的兩句話『有見爲任與和者，別乎清而各成爲聖焉』，點出全文所論述的主旨，即『任與和』

與『清』同樣是聖者。承題進一步強調伊尹、柳下惠『爲聖則同』於伯夷，只是『各造其極』。起講從『且論』開端，以聖人之『抱負』『襟懷』領起下文，而以伯夷與伊尹、柳下惠之對比爲入手。此後的起股、中股、後股、束股，則是正式議論。其中的中股爲全篇重心，闡述何以稱聖。在這四股中，每股又都有排比對偶的文字，如起股之『耕莘苟以清操爲高……尹與夷若殊其志趣也』和『仕魯苟以清修自詡……惠與夷若異厥性情也』即爲排比對偶的文字。

縱覽《玉屏書院課藝》的一百二十篇課藝，除其命題各有不同外，章章皆是經學内容，篇篇盡爲八股格式，乃至其字數也都不差上下。大部分的課藝字數都控制在既定的五百五十至七百字之間，如王步蟾的《伊尹聖之任（二句）》爲六百八十字，葉廷鏞的《天下之達道（二句）》爲五百六十四字，鄭亨的《上之謂絜……惡之》爲七百零七字。極個别篇章字數極多或極少的，但也不多於七百五十字或少於四百五十字。

一斑窺豹。由王步蟾的《伊尹聖之任（二句）》即可知《玉屏書院課藝》也就是一篇篇書院生童所作的八股文。書院生童們的學習生涯，就是在不斷的在考課中習演著八股文。在古代教育的長河中，課藝發揮著其特殊的歷史功用，《玉屏書院課藝》也不例外。

首先，在科舉制度下，玉屏書院通過考課培養朝廷所需的人才。作爲模擬科舉考試的産物，生童們通過借鑒範文，提高寫作水準，從而達到獵取功名的目的。正如曾兆鼇在《玉屏書院課藝》的『序』中所稱，『與諸生以文藝相切磋』，爲的是讓『後生小子有能不囿流俗聞風興起』。《玉屏書院課藝》以『清真雅正』爲標準，選編優秀課藝，附上講席評點，以供諸生研習借鑒。這對於諸生學習課藝寫作，甚有啟發性，如王步蟾的《伊尹聖之任（二句）》一文批語曰『熟極而流，詞無枝葉』，即對其用典、遣詞的肯定；如李觀瀾的《先王之道斯爲美》一文批語曰『思精筆妙，題藴畢宣，中比參用王步蟾作』，指點其研習的參照。這些對於其之後獲取功名，無疑極有幫助。《課藝》的八十名作者中，有四分之一獲取功名，玉屏書院之考課頗有成績。

其次，生童在課藝研習中潛移默化地樹立起儒家正統的價值觀和倫理道德觀。按照課藝的規定，寫作時必須以四書五經爲依據，故生童們務必勤習儒業，窮經未慵，從而打下了較爲深厚的經學基本功。從《玉屏書院課藝》中，可以看到生童們於經史典故，往往信手拈來，不能不欽佩他們研讀經史所下的功夫。雖然，生童們鑽研課藝範文，其主要目的在於獵取功名，然而在研讀儒家經典、領會其中道理的過程中，潛移默化地將儒家思想拳拳服膺，以『修身治國平天下』爲人生言行準則，從而令時代人才輩出。出自玉屏書院的鄉賢們，如王步蟾、周殿修等人日後爲社會所做的貢獻，書院教育之功不可忽視。

雖然，課藝在古代教育史上發揮過不小的功用，然而，隨著科舉制度的終結，八股文的壽終正寢，書院課藝也當然地逝去。那麼，歷史遺留下來的這一篇篇課藝是不是就毫無價值了呢？這也不儘然。其實這些課藝本身並無善惡之可言，它只是以『八股』文體所作的文章，其內容往往浸淫儒家倫理道德，只是其形式中那些煩瑣而苛刻的規則，束縛了學子們思想的發揮。客觀地講，作爲一種文化遺產，課藝還是有其一定的存世價值。

首先，課藝是研究古代書院教育史的珍貴資料。各個地方書院的課藝，有著其他書院課藝所不具備的地域感，有助於後人瞭解其編纂者、評選者及作者的從教從學之經歷。並且，從課藝的選題、評選者的評語及作者的謀篇佈局等方面，也可瞭解書院的教學品質與教育水準。對《玉屏書院課藝》的輯作者分析，我們瞭解到玉屏書院教育的一些成果，而做深入探究，還會有新的發現。因此，對於研究百多年前厦門教育史，《玉屏書院課藝》會是一份珍貴的資料。

其次，課藝的寫作章法和技巧可爲初學寫作者所借鑒。《玉屏書院課藝》作爲當年書院生童們的課藝選文彙編，其作用就是作爲學習的範文。當今，課藝雖然風光不再，然而其章法細密、結構嚴謹的文體，對學子學習作文，無論是章法結構還是語言形式，都有可借鑒之處。章法上，八股文『起承轉合』的章法結構，是一種契合思維流程與事理邏輯的結構範式，初學寫作者借鑒其章法結構進行寫作訓練，有利於思維邏輯能力的提高，對掌握議論文寫作的一般程式和基礎方法會有幫助。語言上，八股文是說理的古體散文與駢體詩賦的合流，駢偶修辭的整齊、勻稱與自然語式的參差、錯落，形成嚴散相濟的語言表述形式。如王步蟾的《伊尹聖之任（二句）》的起股、中股、後股、束股等部分，即以對偶排比之句相成，而以單句點睛。《玉屏書院課藝》中，此類語言表述比比皆是。今之寫作者若能熟練地運用這種方法，定能爲文章增添風採。故當今的作文教學中，有些老師就有意識地借鑒古代課藝的合理成分用於施教。

陳峰

二〇一九年五月二十三日

玉屏課藝

上卷

光緒辛卯選刊

玉屏書院課藝

書院藏版

序

余司玉屏講席十有八年於茲矣與諸生以文藝相切磋甚相得也客秋山居多暇聚舊課將錄而梓之而庚午以前存者寥寥因就近歲掇拾得文百二十篇一一以清真雅正爲主其浪逞才華者置弗錄竊維文藝末也德行本也廈自薛珍君陳希儒以文學崛起一隅至宋而朱文公官其地故士生其間多能文章而尚節義蓋遺風餘韻至今猶有存者夫豪傑百世猶興况去大賢之世若此其未遠耶後生小子有能不囿流俗聞風興起者又豈僅以區區文藝見哉諸生勉旃

光緒辛巳中秋前一日閩縣曾兆鼇識

玉屏課藝目錄

大學

康誥曰克明德 三節　孫延勳
湯之盤銘曰 全章　陳丹桂
穆穆　沈國器
富潤屋 一節　徐凌雲
故諺　劉嵩
詩云其儀　黃大經 原名徽五
陳如淵

此之謂絜矩　惡之　鄭亨原名捷亨

未有府庫財　二句　江尊光

中庸

子曰人皆曰　一章　蔡夢熊

睨　錢翊清原名乾濤

尊為天子　三句　呂澂

故天之生物　二句　陳德瑩

白顯榮

保佑命之　李特圭

武王周公　一節　陳扶揺

思知人　二句　陳裕南

天下之達道　二句　葉廷鏞

賤貨而貴德　林藜光

振河海　生之　楊熊飛

上論

有朋自遠方　二節　區盼弼

吾日三省　一章　楊鴻文

有子曰禮　一章　曾存德

先王之道斯為美
因不失其親　二句

孟孫
多見闕殆　行寡悔
天子穆穆
關雎樂而不淫
事父母幾諫　一章

李觀瀾
胡承烈
陳丹詔
徐大年　原名鳴岐
吳廼升
李振家
曾廷芬
王步蟾
黃登第

我不欲人　二句　周麟書

季文子三思　二章　邱揚馨

子曰伯夷　二章　鄭亨

子曰盍各言　之志　林朝邦

子游為武城宰　滅明者　馬近乞

則野　許芳

子之燕居　一章　揚鴻文

圖為樂　一句　陳丹桂

何人也　何安國

張觀瀾

奚不曰　一節　汪　寅

君子人與　二句　王步蟾

博我以文　二句　袁世芳

子曰苗而不秀　二章　曾士玉

唐棣之華　一節　呂　賓

林鵬翀

與下大夫言　四句　劉德淵

席不正不坐　二章　王一士

朋友之饋 一節 呂澂 林挺修
不親指 王步瀛
下論
然則師 王[illegible][illegible]
季子然 二節 方兆福
饉 李挺元
點爾何如 一節 歐陽冀
回雖不敏 二句 王步蟾

徙義

樊遲從遊　一節

必也

故君子名之　一節

善人為邦百年

子曰近者說　一節

樊遲問仁　士矣

使於四方　二句

陳旭升

白士玉

何龍

可廷發

許萬里

曾國[illegible]

胡承烈

曾廷芬

李啓祥

子曰君子泰	二章	楊廷梓
君子哉若人	二句	沈國器
忠焉能勿誨乎		曾枚
彼哉彼哉	三句	李維林
蘧伯玉使人	二句	呂[illegible]
子曰君子道者	二章	曾士玉
驥不稱其力	二句	[illegible]寅
		陳炳坤
子路宿於石	合	周殿修

擊磬於衛　全章　呂澂
其士之仁　[illegible]亨
吾之於人也　一節　任景福
吾猶及史　二句　胡玉[illegible]
知及之　三句　方兆福
疑思問　三句　陳宗[illegible]
吾聞其語矣　二句　曾慶文
陳紹良
好仁不好學　一節　王尊光

可以觀 二句 曾舒文

虞仲 柳下惠 方兆福

其他可能也 四句 楊毓春

溶 梁棟

三孟

移其粟於河内 黄登梯

王知夫苗乎 禦之 袁丹桂

過但莒 少瀛

大戒於國 三句 王尊光

昔者文王之治岐也　王步蟾
是時也　許駒
非謂有喬木之謂也　江國游
爲巨室　小之　孫延勳
他日君出　王步瀛
鄭瑞瑜
三里之城　二句　鄭亨
焉有君子　二句　陳秉乾
若夫潤澤之　陳秉乾

舉舜而敷治　之江
居天下之廣居　由之
盈科
坐以待旦
吾將瞯良人　之他
吾聞其以　一句
伊尹聖之任　二句
且謂長者　二句

王尊光
林霈章
歐陽蕡
葉大年
劉良弼　丙銘
王步蟾
周士玉
王步蟾
陳大俊

豈謂一鈎金　呂澂
亦聞文王　四句　呂澂
入其疆　五句　汪直光
林雲章
何其聲　陳秉壎
好名之人　一節　馬近光
何以是嘐嘐也　涼涼　周殿修
王尊光
若太公望散宜生　胡玉峯

康誥曰克明德　三節

孫延勳

稽古以釋明德書言可備引矣夫文而易堯道統所在也傳欲釋明明德之旨則康誥太甲帝典不可引乎傳者謂今而知夫子承帝王之道以為學即本帝王之德以立言也言乎德之體耶光者擅其能矣言乎德之原昧爽者尊其視矣言乎德之量巍蕩者極其崇矣由昭代以上溯陶唐之世覺後聖人以心得者宣諸口聖人早以躬行者著諸書已經言明明德夫德固不限於人本於天而極其量於至大者也吾嘗徵之於書召誥曰疾敬德洛誥曰丕顯德呂刑曰克天德周書之言德屢矣要不若康誥之述文王

為尤切蓋德具於人非翼翼克矢小心亹亹克勤懋勉無以宣昭
丕顯著其德於緝熙也康誥一篇則言明者三言德者八而挈領
綱必要之曰克明德而顯民在於祇威昭天著其於穆蓋有小
心而持以大力者武若曰明德在心本爭輝於兩曜而惟穆考克
明焉克永觀省紹聞衣德言明者上下助成王德顯斯其能為獨
擅矣虺誥曰德日新伊訓曰懋乃德說命曰輔台德商書之言德
多矣要不若阿衡之訓太甲為尤精蓋德本於天非旦明嚴畏
之神欽崇通天道之旨無以丕釐耿命其德於懋昭也太甲三
篇則言明者四言德者十二而溯本窮源以先之曰顧諟天之明

命知奉若窺乎帝載祗肅眷乎帝心實有無形而見為有象者乎

若曰明命在天今昭格於兩間而惟成湯諟焉視乃烈祖永保

天命於無疆尚監在茲無越厥命以自西徂斯其視為獨尊矣禹謨

曰邁種德咎繇曰迪厥德益稷曰迪朕德虞書之言德詳矣要不

若帝典之贊放勳為尤大蓋德有十六量非嶤嶤克崇徽號巍巍克

著文明無以克讓允恭極帝德之廣運也二典兩篇則言明著六

德者四而揚厲無前以貫之曰克明峻德知如日昇其光華則

天形其昭曠尤有精深而形為高遠者史若曰峻德在人本充塞

於兩大而惟帝堯峻極焉惟帝時克美兼文武聖神文思欽明光

被上下四表斯其崇為獨絕矣書言如此是或言德或言命或言峻德而其言明則一也吾竊取而斷之曰皆自明也

衍叙述之體文亦古澹紛披

湯之盤銘曰　全章　陳丹桂

以新民責君子稽古而勉其用極焉夫湯也武也文也新民之極也自新新民新命君子敢有所不用哉一經言新民而要於止至善又推本於古之大人誠以所謂新者積之有其本動之有其機徵之有其效不容不求其至也古[illegible]人新民之學必本自新而即由其自新者下以變世風上以邀帝眷蓋非徒為一時計也亦曰世之言新者胥視此爾今人新民必由自新湯非自新之極乎皇躬為起化之原淺濯不深即怠荒立見表率其何具焉銘則曰苟日新日日新又日新是習函之聖且繼以遜昭之學也其積之有

本如是自新則可新民哉非新民之極乎倫類有大同之性精神不注即鼓舞不神梄頑奚由化焉詩則曰作新民是執撓之君始肯夫永清之績也其動之作機如此新民自可新命文非新命之極乎至治為馨香之本顧畏不至即眷佑不深天厤何以廷焉詩則曰周雖舊邦其命維新是惠斛之主乃集乎誕保之烈也其徵之有效若此是故道之大者無不包言新而民在其中言民而命在其中握要以圖天下於以見縱斷之下之廷者無或過言新而不遽言民言民而不遽言命本身以應而世於以知首善之歸蓋有其極焉後之君子將何如哉君子建懋昭之學則當以二三

之事自居自新而定中於民則綏猷惟后新民而昭格於帝則降康自天若銘若誥若詩非為君子示其極乎皇衷以開風化而宵旰倍切民碞郅治已鑒帝天而修省猶加三德推其量蓋不與前聖同揆而不止即與前聖同揆猶不止也則分際一何大哉君子操統馭之權尤當以三王之事為法未嘗遽求之民新即民所取則未嘗驟期於命民即命所肇基若湯若武若文非為君子建其極乎王道不尚驩虞而[illegible]是有皞蒸為風俗盛世不高符瑞而化成之理通於神明推其心蓋竟與前王媲美而不敢不與前王媲美亦不敢也而化理不已成哉此新民之道也

詞明理達局正機圖

穆穆

沈國器

有極其深遠者詩以穆穆擬之焉夫穆穆深遠之謂也詩詠及之非有所極擬着在乎今而知至德之色。擬之莫得其似亦近求之難見其真也顧淵深莫測本非迹象所能窺廣遠難窮原非形容所易罄特惑心擬議之餘有不得不曲以相繪者是像之間如或遇之已邦畿緜蠻二詩之外吾何以更有念於詩之所云哉蓋實見夫在宮則雍雍在廟則肅肅德音所著無不可繪之形容而流之光者其迹積之厚者其心聚習之忱有歛之又歛者則所蘊深也又深念夫令聞則宜亹厥猶則翼翼德望所昭無不可形

諸摹擬而著於外者其涵於中者其量廣大之[illegible]有悏之又悏
者則所遺遠也夫所言穆穆者非耶恭帝德者曰巍巍言其高也
顧高莫可踰惟巍巍可極而深不可測非巍巍足擬潭泓也
人當臨淵恐墜卹乎若驚果誰能窮其底蘊也者而詩則懸為揣
之言聖功者曰蕩蕩言其廣也廣無不覆非蕩蕩莫之擬恢宏而
遠無可窮即蕩蕩難名分際也人當望洋興嗟茫乎若失果孰能
測其津涯也者而詩則極為摹之穆穆所以訴也然詩之意
猶不止此以為境之未極其深者即強以為深其中亦虛而無物
茲所謂穆穆何挹之而覺其無窮出之愈形其有本也至淺之[illegible]

析之旨精微之妙以為深乃真深矣彼之一覽無餘者豈有此淵淵之氣象哉途之末極其遠者即故以為遠其量亦泛而無歸茲所謂穆穆何望之若苦其難造就之仍[illegible][illegible]尋也至近之地循之旨詣極之程以為遠則誠遠矣彼之一蹴即至者詎有此浩浩之情形哉吾不禁神往於文王矣

涵照有法餘味曲包

富潤屋　一節　徐淩雲

即富以徵德益知意之宜誠矣夫富尚能潤屋況德如君子有不潤身者乎觀於心廣體胖而意之宜誠益以中外相符之理微特小人之不善為然也即慎修之君子何莫不然益積之既厚不求著而無不著之光華斯流之自光不待掩而有莫掩之氣象其理通乎處境而其功在乎治心觀於誠無不形益知聖賢存遏之嚴非無故矣指視之嚴於此此獨所以宜慎即意所以宜誠也君子於此豈第凜於誠之莫不形始於意謹其幾又豈必因其誠之有由形乃於意用其力哉然吾嘗借觀於富矣境遇之豐亨豈必

故為表暴而倉盈庖億宮室要自極其輝煌中有蘊蓄外必壯輪
奐之觀非由偽飾也則人俟吾心之安宅者其發越更可知也室
家之饒裕大都善自崇飾而取多用宏居處總不同於樸陋足
乎中者溢乎外英華之發也任自然也則夫處天下之廣居者其
流露尤可想也富能潤屋如是可無疑於德之能潤人矣然身果
何如而見其潤德又必何如而始決其能潤身哉蓋惟臨境之優
游泮奐能於天理渾涵之際隨在流行者運於方寸者極其寬亦
施於官骸者徵其泰而藏修之下彌覺從容亦惟平日之瞬養息
存早於睹聞未接之先因時省察故無一念敢欺乎屋漏即無一

事不凜諸神明而俯仰之間絕無愧怍何也惟身潤所以心廣惟
心廣是以體胖也吾蓋深思其故而知君子之成此德者必自誠
意來矣必待胷次苦於拘墟形骸形甚侷促乃於意審爲閑存則
因不潤而始求誠其所以爲誠也已晚君子有不忍其不潤而惟
恐其不誠者焉知意爲心體所兼攝而當好必好不[illegible]身與之就
當惡必惡不使身有所加蓋致辨於理欲之微者務使其德之日
崇必不令其意之或歉此光輝所以由於篤實也夫必[illegible]中懷
求其寬綽外貌冀其舒乃以誠懸爲符驗則以潤身所爲誠意
其所以治意也[illegible]君子有不求之於身而惟求之於意者而知

誠為廣胖所繇來而無欺有必戒敢期其潤於觀聽[illegible]有必求遠計其潤於動作其致[illegible]於公私之界者必使其意之皆實初不期其德之日新也此英華[illegible]以根於[illegible]順也夫由是而意以誠即日是而身以潤矣入大學者可不以誠意為亟哉

周規折矩意到筆隨

故諺　　劉嵩

明辟於好惡之故可證之於諺焉夫諺固非為辟於好惡者發也然欲為辟者明其故諺非其證乎且自事必深於對甚語貫取其易明有時學士詞評所以反不如顓蒙之擬議也盍閱歷甚深一二語足昭公論斯傳聞既久千百世奉為名言非為言而為歌偏如誠而如諷彼為俗情所溺者正不妨示之以俗言使知惡知美以好惡而見其觧惟其辟也然後當局者何由自解其次又能借言其故哉不有先之解而代為之言者乎謂嘉言孔彰足以袪辟者之口則知其故者莫若聖賢然與論可陳作必遠於往

旨也而言近旨遠固已得諸父老之傳聞謂前言必足以服辟者之心則証其故若乃如簡策然風謠可採何庸援引又陳編也而耳熟能詳若有取於閭閻之議論則有如謗乎抑一己之微辭惟欲聞者足戒破千秋之流弊何妨質而近俚吾思妬惡之故吾亟不忘夫謗矣其或旁觀竊伺嘆當世之沈迷因以難遏之情發為不平之語則感諸心者宣諸口一唱百和居然移局外之明其或事後追思笑當年之回惑而因以一日之悔垂為百世之箴則愧於意者形於言語重心長不啻示前車之鑒然而謗非必為一辟之故而發也問俗轂函楚亦有謗採風渤海齊亦有謗何茲

留諸齒頰者，託音乃尤深乎巷議街談出以質□之辭而益悚大聲疾呼之下若以見直道之猶存者謂無故而先有是諺也可謂有故而始為是諺亦無不可也理□為恒理即言亦為恒言何事曲引旁徵之雅哉然而諺又不啻以一辟之故而發也遊彼康衢唐亦有諺登彼禹甸夏亦有諺何茲之得諸傳述者陳辭為尤切乎彰以諷諫喻以彝常之尊而益明屬辭比事之餘有借覺立言之有體者謂是諺之適符其故也可謂是諺為特明其故亦無不可也人雖俗人而語若□俗語出□緇衣巷伯之流哉進□其詞而辟之為害益見矣

輕圓雅潤秀氣撲人眉宇

詩云其儀　　黄大經巖源

咏君子之儀詩特切為指之焉夫儀在於君子之身而實齊治所由見也鳲鳩之詩所為切指之曰其儀歟且昔文王為齊治之君子而令聞備於一身一時播為詩歌大雅首篇曾以儀刑咏焉曹丈之昭也數傳而後其君子誠中形外有能以襘袺之輝表玉金之及者此在當局不自知也作詩者摹繪之餘乃為之切而求實而指焉不觀鳲鳩之詩乎是詩之言其弁者一其帶者二而言其子者四言其儀者亦一無非廿子咏無非為均平專之君子咏也吾乃穆然於其三章所云想其覩在桑在衆多而恍

然於畢雨箕風胥歸統御誠於中者乃其心之所然之所發征邇當先覘儀度之有直志其覽伊騏之臨涖而穆然虎門象闕聿著覲瞻帥而令者乃其身也然身之所積日章要必在威儀之有象此所以屢言其儀不置也然其可為齊治証者莫如三章之所謂其儀儀之旨歸為義攬宰政之權弗能顧名思義君子難辭其責矣詩云其儀乃從執義如一之精神曲而繪焉者也儲德在於深宮斯觀光親夫丹陛義形於色令色也而令儀歌焉蓋意欲伸而不勝鄭重矣儀之釋名為宜膺作君之任莫能因時制宜君子難分其咎矣詩云其儀又從時措咸宜之底蘊表而出焉者

也九重慎其獻為斯九族深其景仰禮以從宜有禮也而有儀見焉蓋詞未畢而不盡低徊矣幡幡戒其儀矣怭怭戒其儀矣然彼猶為自警之言此則具瞻之論也詩若曰廟堂之色笑草野元元瞭而伺之矣緬儀文於燕寢有無煩師氏之詔保氏之諫者何妨絲素官五儀地官六儀秋官九儀渾而舉之曰其儀穆穆美其儀

羔皇美其儀矣然彼猶為虛擬之語此則為實指之辭也詩若曰繁縟之節文列辟彬彬習以丕焉耳覘儀則於淑人有獨譽和順積中英華發外若三不啻如言其孝如言其弟如言其慈合而驗之曰其儀以言不惑誠不忒也而四國之正在是矣詩言不可

述乎
切章旨切詩旨一片奇語何從知其筆端

詩云其儀　阮如淵

述詩之咏君子可觀於其儀焉夫詩非第以儀美君子也然取而咏之不有甚重於其儀者乎傳者意謂吾言帥仁而遠稽堯舜夫堯之德曰廣運舜之德曰升聞罔不在威儀之末矣抑知節文度數無非定命之符動作周旋自有立身之準備徵範載繹篇章以君子之遺徽迄今猶將見之也試進而咏鳴鳩之詩是詩也為君子作也為美君子之儀而作也君子型仁講讓重其必重其身故積律度於厥令望嫓夫圭璋非博譽於學文人之口君子存恕立誠修其意非修其貌乃切播揚於爾而著垂

一

為歌詠遂流傳於揚風扢雅之餘而吾也為之逆志考文句讀焉詞重而複更為之發音而增句略舉焉言約而賅是丁即三章所云其儀者誦之抑抑者為儀温温者亦為儀鳴鳩之尹氵則敬官守不讓武公以威儀也詩若曰我君子密邇衛土風聲之遯德不啻挹彼輝光故在桑在棘猶夫淇澳菉竹之觀而其儀之洋溢有可耳而目之者能不於赫咺之外別而表之曰其儀雝雝者有儀肅肅者亦有儀鳴鳩之君子又庸祗自矢時以文王為儀刑也詩若曰我君子系出文昭祖武之克繩遂以昭乎德範故伊忩伊騏猶夫周京黻尋之詠而其儀之流露要有愛而慕之者能不

繼緝熙之後切而指之曰其儀蜉蝣之羽第致飾其衣裳而儀之亦無可表見詩豈有鑒焉而欲矯其弊乎而不必爾也均平之量雖為肅穆之容第覺忽於儀者固非飾於儀者亦僞即此輯柔可挹能不為蕭什之披兮維鵜在梁實亦慚於赤芾而儀度無所昭宣詩豈所言之以示其型乎而不盡然也專一之神以雍容之態實足著其儀者可慕覩其儀者尤可思則當品節所呈豈第炫冠裳之整肅覩於不忒而可以正民非由家及國之證哉

雅令宜人亦得虛步

此之謂絜　惡之

鄭亨均頤銘

即絜矩而明所謂引詩見好惡之同焉蓋絜矩之謂以所惡言而所好不外此也明其為道不可即詩之所詠而恍然好惡之同民乎且平天下者非徒驚遠之謂也詩言情在一人者有六順道不泛而求情在一己者有大同道可實而險也推一人之情以體一世之情而其道盡於同一世之情以為一人之情而其道通古君子新民自任而歌頌不忘豈無故哉蓋道有得於己亦情必公於人爾上下前後左右不可以所惡施如此此第言所惡未言所好也第言己所惡未言人所惡且未言人所好以然而其道可思矣忤

物者於道隘徇人者於道偏此則如願相償不許物苟能度物不徇人初無違人也故道固在觸類旁通而方寸之中已操其券立異者於道歧苟難者於道晦此則當前即是理本同無憂其異事在易不患其難也故道不越推誠及物而紛紜之數宛合其符是道也何道也絜矩之道也然既謂之道豈真舍所好而第絜所惡哉亦合所好而並絜所惡而已不[illegible]矣明斯道者疑天下至渙之勢可統馭不可強同方謂願欲之私既難揣測拂逆之處尤易參差縱令胞與為懷亦未必反躬而可證惟能得斯道者知天下相隔之由在形骸不在情性故即欽神聖者祝以休嘉苟生成者歆其

愛戴祇此頌聲載道已如覗膚念所經營不觀詩所云樂只君子民之父母乎為君子詠蓋為能絜矩而好惡同民者詠也九重扃甚遠耳蔀屋悲愉誰叩君門以上告而絜矩之君子隱隱知之好不僅飲食居處在在皆未事而圖僅水旱兵荒一一胥先時為備凡與利除害之顯然皆著其後也好有盡所以則虛而無盡惡有窮所惡則流而無窮道固有約而貶者詩人不已窺其隱哉百族本無知耶隨時甘苦弟任運數為轉移而絜矩之君子一一殷殷念之非必逐事求其好而冀其風畢雨無不知非必逐事求其惡而怨暑咨寒無不泯凡賞善懲惡之必嚴者猶其迹也好本公而好

之若見為私惡本同而惡之忘見為獨道尤有放而等者詩人抑何深喻其心哉即詩言繹之所謂絜矩之道者以此即所謂民之父母者亦以此矣

理法兼到行文亦機暢申流

未有府庫財非其財者也　　王尊光

財為好仁者所有，決無悖出之虞矣。夫財藏諸府庫，而慮為非其財，不仁者或有之耳。若好仁之主，豈有悖出之虞乎？傳者謂吾言仁者以財發身，幾疑仁者之財一[illegible]，不能復聚矣。抑知仁者雖無心於聚，而民之受其散者自群，即聚財之地，而相與守夫其財。一若君之財，惟汲汲聚，而常防其散者，於此見民情大可恃，而沾沾保衆之計可四廣。民為好義終事之民，是力出於民，且與所愛惜也，豈財儲於上，乃獨敢覬覦哉？吾試為好仁者究言其效。財本儻來之物，而仁者清心寡欲，原不以是為貪哉，正惟不貪而富足之形乃視貪者而更足盡不令人為寶民亦甚戢其貪也則紛爭息焉矣財有無盡之藏仁者前盈前虛亦不以是自積然正惟不積而豐饒之象乃較積者而加饒蓋多積不祈民愈樂觀其積也則窺伺消焉矣何也府庫之財皆仁者所有之財也而顧以非其財為慮哉有非其財而擁為其財者黷貨之朝專工搉克幾欲盡閭閻物悉為在府在庫之儲由是悉輿之詐長絲粟膏歸左藏多方朘削錙銖盡入公家是雖府庫既充終覺據非所據也予求予取豈免交疵斂有為其財而實非其財者橫征之世多事虛糜雖時訟帑藏度支嚴司府司庫之守卒之緘縢如故轉輸困於兵戎扃鐍依

然攘奪囧夫饑饉迫至府庫皆竭始知私無可私也旋得旋亡安能久享歟若仁者之府庫豈其然蓋府庫之藏財也有定數不仁之藏財也無定數以無定較有定多寡之數已殊故仁者即無府庫之藏而藏富於民實覺藏之莫密也況明明府庫先備其籍為蓋藏之用者更密而難窺乎此而慮府庫所藏之於常或躓於變在民未知義者或有此隱憂耳如謂財為仁藏民猶敢起而爭焉豈理也哉府庫之衛財也有窮時而仁之衛財也無窮時以無窮較有窮久暫之時已異故仁者即無府庫之衛而民皆為衛自覺衛之至嚴也況明明府庫森羅其領于衛之資者更嚴而難犯

乎此而疑府庫所衛嚴於始或懈於后在鮮克有終者始有茲後患耳如謂財為仁衛民猶敢琢而伺焉豈情也哉未有府庫財非其財者也好仁者可以自決矣

取徑紆徐、後幅尤[illegible]所盡致

子曰人皆曰　一章

蔡夢熊

自矜其知者之多料事與析理交失矣蓋所貴乎知者非徒知之亦宜守之也何汶汶於事者亦貿貿於理乎而猶曰予知乎且自世之不明於道也非難在能明實患在自以為明既自以為明矣則必持鹵莽之心挾浮游之氣於是乎與之料事而坦途莫非危途即與之析理而信指無非疑境夫子慨然曰人惟知之不精是以守之不固而道所以常不明也然則知豈易易哉知神之哲不必言矣下此者必巽心極尋探研幾之學然後能通乎悔吝吉凶之數而熟於經權常變之宜天亶之聰明觀矣外此者必虛心

相接殫廸哲之功然後能審於存亡進退之機而得乎窮變通久之故以是而謂之知斯誠知矣而無如人之曰予知者且紛紛也知之彌自人而定必徐而核之而所見不謬斯人望歸焉若徒由已耀之是夸也外夸者戶浮中浮者指亂憑心一往將機械在前居然不見矣況中庸之純粹以精苟欲於同異之戶權其一定而亦以今者當之乎吾恐深固莫窺即淺亦無所據也矣之號緣實而如必積而驗之而所照無訛斯嘉名錫焉若徒以名震之是輕也輕與忽相近忽與昧相因任意直前將險巇在後適然相蹈矣況擇中庸之明辨以晰者欲於紛紜之內定厥指歸而亦以輕者

處之乎吾恐人固難憑即暫亦終無薄也宜乎險在當前而人驅不啻自驅之人即守蔡期月而已擇一如未擇之人也謂自知者方且貌視傳僞何至終於罔知趨避固也而無如躁率貽憂固莫為前車之鑒也祇此目前得失之微機事且藏於不測剖析理於杪忽而儼曰予既已知之無怪其朝而就者夕而遷矣千里毫釐之謬又可勝道哉謂人予知者業已目空斯世方竊笑夫不識機宜似也而無如聰明誤用且依然覆轍之尋也惟該當境安危之故疏虞尚中於無端剖辨義於微茫而猥曰非我莫能惑無惑乎作而涉者既而忘矣然測管窺之見何足以悟哉世之能擇不能守

者。亦納罟擭陷阱而不知避者等耳。而猶曰予知。明道若其無人矣。

析理必精摛辭無懦

睨

錢翊清原名觀濤

目有難正用者而伐柯先在睨矣夫睨非目之正也然欲得柯之則有難於正用者其睨豈容已乎今夫反側之形不足與語道也久矣折知道本無形守其正者在心核實有形竭其明者在目使運其至明之神即得乎至正之用豈非用目者所由便而無如於彼於此轉有欲正用而不能者則盍覩執柯以伐柯執者為柯伐者亦為柯謂所伐不殊於所執柯與河第雜陳於目前懸而揣焉形容未必遽肖也則瞑目尚費沉思也執若一柯伐者又一柯謂所執可推於所伐柯與向又儼歧為兩舉而例焉形制宜求近

似也則拭目自在從旁也是非睨焉不可人當情有不忍而中心
達於面目時以睨者見其情兹之睨則非心之有不忍乃目之若
相迎也物象難憑空而造非凝神坐照將攖於静易役於紛是不
使尺有長者在此睨不使寸有短者亦在此睨矣人當意有不平
則怒氣激為睚眦或以睨者示其意兹之睨又非眦之有不平乃
目之具為觸也物態難一目了然非兩勢相求將構於虚莫徵於
實是不敢逆為揣者恃此睨不敢強為通者尤恃此睨矣謂不偏
為中睨則倚於偏而非中固也不知道本中而不可偏伐柯則意
有倚着目之勢右不可不偏耳所以柯在左目隨而左偏於左則

有睨柯在右目隨而右偏於右則有睨睨所當睨正以目之倚於偏者求適乎中也而側目之形神誠有為睨不為睇者矣謂不易為庸睨則易其常而非庸似也不知道本庸而不可易伐柯則能異尋常目之容乃不能不易耳所以向有兩而目專於一睛易所向而有睨目非一而柯亦為兩互易所向而有睨睨非一睨正以目之易其常者求合乎庸也而移目於須臾不啻或反而或側者矣由是而詳視之則以其則之猶遠故也豈若道之於人不遠哉

工於用意詞筆亦清

尊為天子 三句

呂潡

孝又在尊當可更觀於所饗焉蓋尊當以德致之即於孝徵之也若推孝之所極不又饗及宗廟乎且人主處崇高擁厚實固而追遠報本固其常也所異者以匹夫而升聞以窮人而輯瑞幾疑受人天下者或不能私其所親抑知尊榮安富特為修德之償舉祖敬宗自隆薦馨之典蓋顯揚可備致於一已也而祀事固上及於先人已吾言舜之大孝徵諸德為聖人誠以惟聖人為能饗帝惟孝子為能饗親無一非本之於德也然使非行天子之禮合四海之歡又何以致此哉舜顧何如者巖穪弟虛擬之辭必謂總攬璣

衡始隆美報豈明揚未錫即無以慰親心惟是烝乂克諧德已足操登膚之勝而袗琴敷雅化榮已遂因以榮親則其尊已極也備粉祇口體之養必謂廣羅珍錯方可承歡豈樵草自安即無以娛親志惟是齋夔允若德已早握暨訖之符而貢賦定成規奉親不後於奉己則其富莫加也尊為天子富有四海是孝之大者非僅以德著矣且夫享修德之報者孝之極其榮也隆觀德之規者孝之追乎遠也使舜以尊富孝其親而或問安視膳二人克鑒其誠春露秋霜七世未崇其祀吾恐窮蟬以上祫祭無從蟜牛而來時享不及又何以通微合漠慰聖人之孝思乎乃以觀舜之宗廟又

何如耆謂唐虞皆禘黃帝似有媯立廟或屬貳宗不知禮重本支祖頊之文可考況上日受終傳賢不同傳子四方從欲承統非以承祧藉尊當之顓祭以特申孝享祭法固始自有虞乎雖巡狩告歸格於藝且亦第居攝之始有然至於樂奏簫韶殷薦諸祖考則被服備山龍之采列罔羅水陸之珍非猶是永世克孝也哉謂祁姚同出軒轅似受禪同宗無庸異廟不知禮分繼別宗堯之說已竝況作嬪覲型堯既可以妻舜館甥就饗舜安得而父堯循尊當之制度俾克盡孝思親廟亦何嫌列瞍予雖總師有命受於神宗亦祇禪讓之時乃爾當夫禮成德讓助祭有虞賓則灌獻楙一代

之上儀籩豆合九州之和氣何莫非奉先思孝也哉饗之如是是
爲天子有四海之事也然舜之孝猶不止此也

筆情朗潤入後饒有經籍之光

故天之生物　二句

陳德瑩

觀生物於天而因材之故可思矣蓋物生於天而物要自有其材也天必因而篤之此其故不可思乎聞之天地絪縕萬物化醇是曲成萬物而不遺者天之所以為天也抑知天能曲成萬物而物之所以生生不已則天有非出以有心者第因物付物而物遂長養於無窮此其中又非無意焉祿位名壽其必得歷歷若此亦必之於大德而已豈天之有所私於舜乃因而厚之哉吾嘗於生物觀其故矣大造能含孳乎萬類所以本天親上本地親下無非得煦嫗覆育之氣以與為發宣群動皆鼓鑄於一元所以乾曰大生

坤曰廣生固能統飛潛動植之倫以相為長養審若是則物之生天生之也天生之天必能篤之矣而正不然出乎震齊乎巽見乎離役乎坤生物之心任自然矣一自物有以自立而後鴻鈞旋轉可隱運以太初太始太素之精雷以動風以散雨以潤日以烜庶物之生無所私矣一自物有以自成而後大化周流乃益見夫盡意盡利盡神之妙是蓋有其材焉天之因而篤之有必然者謂生者此天篤者亦此天天似可於生之之時即為篤之之地而有所不能者蓋生一稟乎氣而篤必視乎材材者物之所自盡不敢下之於天天第因其所自盡者益加以保護也故觀其所篤而化工

本不言工課生者一時篤者又一時天亦可於所生之物并付以可篤之資而有所不能者蓋生第具其形而篤必乗其材材者物之所自勵不敢以恃乎天天乃因其自勵者以用其甄陶也故論其所因而之迫總歸不造進觀於栽培傾覆可恍然於大德獲福之故矣

文品簡淨入後尤有意義可尋

故天之生物　二句　白顯榮

以生物觀天當思因材而篤之故焉夫天能生物天固能篤乎物也而必因其材焉此其故不可思乎且自乾元為萬物所自始而易以為大主似乎上天愛物之心有加無已矣抑知未有物以前其權固操之於天既有物以後其權又歸之於物蓋天能授物以生生之權而後物之性命以正物能予天以生生之權而後天之眷顧始隆也祿位名壽必得如此此豈天之特厚於舜哉亦因其德而已矣思其故者當觀天之生物雨閒亭毒之精鍾於靈而亦鍾於蠢故飛潛動植咸受質以發光華而天眷無私乃均此一元

之鼓盪維皇相協之理賦為性亦賦為形故風雨露雷皆隨時以施化育而天心仁愛可徵諸萬彙之繁昌然則物之生也天固有以篤之而天之篤之也物實有以致之無他亦因其材而已衆中皆至理所充周聚之為天散之為物無二理也以在天之理待在物之理即以在物之理待在天之理兩相待而機莫過焉以理因理物不自知其材固如是也宇内亦精氣所凝積合之為天分之為物無二氣也以在天之氣迎在物之氣即以在物之氣迎在天之氣兩相迎而形以固焉以氣因氣物亦不自覺也其材使之然也以是知物固無定而材則歸於有定焉儔類之紛紜不妨殊

形異位化工之鍾毓要自稱物平施是即物觀材而材可共見即材衡物而物有定情也豈得謂為寵綏之或爽哉以此見篤固有定而因則妙於無定焉蒼穹之厚澤原欲共此鈞陶治類之成形要自如其分量是篤原於因因其材而生愈盛因先於篤篤其生而材益彰也又何疑於大德之必報哉觀於栽培傾覆不可即天之生物而曉然於必得之故乎

理足神完中比透闢

保佑命之　　李特圭

君子命保佑於天命之為已至矣夫天非漫然命君子也觀於保之佑之則所以命之者不已至乎且一人之身天下所係寄之身也一人之行天下所則效之行也不永厥身無以慰臣民之頌祝不端厥行無以樹朝野之儀型觀於景命有僕之朝乃知其所以俾壽而臧俾彌爾性者上天之默相固一如下土之儔求矣宜民宜人之君子既有以受祿於天夫天祿之受非即為天命之歸乎然而猶有說所可慮者握圖受籙膠庠聿甚引年之典黼座來開純嘏之徵則神器躬膺不過一時寵命之集即欣逢景運終抱憾

於久道化成尤可患者哉作承祧萬邦方深表正之思一人未膺勇智之錫則仰成垂拱猶是昊天成命之常恐近驗宸脩究誰諳於整躬率物然而天於君子則保之矣夫能稱萬壽頌獻九如在民人尚以口舌揄揚自明愛戴矧天固克握修短之權乎故既以篤生者報十五王之績累即以保定者副千百族之景從至於委裘嗣位享祚靈長命不已徵既固歟然而天於君子又眷之矣夫執藝有工陳詩有史彼民人尚以多方指畫冀欲偶進乎矧天固能妙轉移之柄乎故既以寵異者俾作一世之君師必以孚佑者丕承兩朝之謨烈至於聞紹德言心單夙夜命又豈慮難諶歟則以

為保佑命之云爾謂虞芮質成密崇帖服惟我文王其命已有維
新之機君子即奉必祖武克繩第多所歷年已足嗣丕基於勿替
而天不謂然也純其佑於宵衣旰食而無疆惟休焉定其佑於夜
寐夙興而有作之道是命在西岐之敷治天為啓後者譬其基命
在東洛之既營天尤為承先者纘其緒也陰騭宸衷不先有以永
維主極哉謂一戎底定八百會同亦越弍汪天命早有誕膺之寶
毋子苟能所生無忝縱未臻上壽自足篤周祜於來茲而天殊不
忍也明保予冲子既詒誘乎其衷即啓佑我後人而能鑒乎其謨
是命之於會朝清明天以神其開創命之於率循大訓天又所

以啓夫守成也身其衷、不益見其基惟宥密哉進觀申之無已而大德受命可恍然於其故矣

吐屬清華有書有筆

武王周公　一節　　陳扶搖

孝以達稱聖人神往於二聖焉夫論孝難論武周之孝為尤難乃以達孝稱子能勿溯之而神往乎且操庸行之常而至於迭夫要道之極者千古之大孝虞舜一人而已顧孝以至極而莫加固足以人道之準而孝以變通而盡利亦足備王道之全我周盡制有不愧有虞之盡倫者吾不禁為之神往焉偈覩武王周公頌時邁曰昊天其子詠思服曰皇王烝哉功烈昭垂武王實盡道而無忝然外全乎君道內實全乎子道也故載木主以躬征夷齊縱有叩馬之辭後世不得疑其非聖表其德則目以逕衡尊其位則稱為冢

竿功名顯赫周公固□□職而無慚然盡臣職於朝實全子職於家也故斫斧鉞於東土管蔡縱有荓蜂之毒在天亦可白其無佗何也武周固孝者也然武周之心豈樂以孝見哉所缺憾者邑考無祿不獲分夢錫之齡耳向令冢子承祧武王即不等五叔之寬閒亦祗同乎剖中王封桐之例無如出震溥宮降年弗永所以發亥陳師庚戌此望其任無可旁推所憂危者嗣子紹庭匡住幼冲之歲耳向令長君在位周公何難謝七年之誕保所思遂其明農退老之思無如委裘負扆小子無知所以多士告殷士多方告殷民其責無可旁貸以吾觀之其達孝矣乎心思惕然若有所寄耳目

恍然如有所臨此亦孝子自盡其倫耳於人乎何與然孝子之心思耳目宛轉相通之處不啻合天下之心思耳目亦宛轉而與之俱通故雖愚夫婦之微一窺夫纏綿之念愷惻之衷不動其天理之公而樂為稱道也其斯為孝之四達不悖也乎擬其隆情腆乎甚厚揆之分義秩乎不淆此亦孝子自盡其制耳於人乎何關然孝子之恩情分義曲折以盡之私不啻範天下以恩情分義亦曲折而樂其能盡故雖以億萬人之衆汩夫順德之孚固心之則亦莫不感於心情之順而喜為揄揚以其為孝之旁達

聞也乎何也武周之孝以有天下而始彰實以有天下而益彰

三年課藝　武王周公　一節　三十三

也始也立愛敬之大原上存為至德終焉識尊親之無間在下釀為休風光孝之所以達歟

清思浣月健筆凌雲

思知人不可以不知天　　陳裕南

由知人進求之身以天而修矣蓋禮所在即天所在也思知人以事親者可不知之乎故必知天而身始修也且君子即以取人之身而策其修於知其於身之首乎仁仁之資乎義者固已屢進求詳而得所以相及之數矣然所求益詳而其幾益密苟徒知盡義以求仁而於禮之統乎仁義者不能反始而明其故焉是窮理之學疎而修身之原已先失也夫事親在於知人人果何以知之哉知之則必於其等知之然賢之有等猶親之有殺也則區别之不容已者當不徒私智之為知之則必於等之自生知之然等之生

於禮猶殺之生於道矣　秩序之不容紊者初非為後起之敍矣
蓋有天焉思知人者可不知之乎辨材論官而後天經地義以皆辨
於學士之講明而有人以效忠者即因人以廣孝此知人之功也
然有必確見夫天理之自然而其功乃可漸致者倘本原未清徒
矜一時之獨斷將大小失宜而一本九族之愛何以共明歟訪道
親師之日一德一心方引為展親之佐助而政以人而立者倫亦
以人而敦此知人之效也然有必實明乎天則之當然而其秩乃
可兼收者若觀理弗晰止徇一日之僉謀將崇卑失序而大宗支
庶之誼保無混施歟以是見人本乎天親亦本乎天而必尚人以

言天者功以類推而及也我誠有以獨見其天則自有不得不尊不得不親者不特人可合於親即親亦可合於身故知之至即為恩之全以此見人之中無異天親之中亦無異天而必本天以及人者理以原始而合也我誠有以共見其天則必有自然而尊同然而親者不特因人而見天於親亦可統人與親而見天於身故知之終實為修之始則信乎知天之不可已也倘謂天不可知則有政者既有仁復有義亦已足矣何為推本於禮之所生乎

明辨以晰純粹以精

天下之達道　二句　葉廷鏞

言道而要之以行，可遞舉其數焉。蓋非達道無以修身，非行之無以修道也，爲五爲三，其數不可遞舉乎？意謂臣言修身而推本於知天，誠以人有此身，天必有所賦於此身也。蓋有此身即有此身當然之理，有此身即有此身當盡之功，理具於有生之初，功歸於有生之後，其數雖非一端，夫固可約而舉之也。今夫道也者，固修之而行於一身，亦達之而行於天下者也。氣類縱屬不齊，而惟此秩敘所共由者，初不以造化生成之憾，故天所命者此道，人所禀者亦此道，道所爲出之。

世風非無遷降，而惟此綱常之不朽

足以持亘古運會之窮寔乎性者此道修為教者即此道道所為放而皆準所謂達也約而計之蓋有五焉將行之必有所以取日懸此蕩平之域以任人步趨則才力聰明皆足為行道之用然非有同具者以與為維繫安能歷須臾造次而無所紆迴不過此日用之程以聽人踐履則必忍血氣亦可為行道之資然非有皆備者以相為貫通安能合常變經權而初無扞格是則以言達道固有其所以行之者也為舉其數又有三云蓋機之妙於流行者其中必有以為斡運故缺三之一而五不無或窒之時何者道固達而所以善其達者自有在也三者之體未具即道之體未具三

者之用未周即道之用未周於三之內無所虧始於五之內無所缺三與五豈非異數而同功哉且境之待乎推行者其先必有以為貫通故舉五之一而三皆成相資之勢何者道本達而所以使之達者又有由也以斯三周內外道所為見其咸宜以斯三貫始終道所由徵其無息於五之中無或失皆於三之中無或遺五與三非皆無獨而有耦哉請進詳其目

理實氣空恰合題位

賤貨而貴德

林藜光

貨之害類於淫色賤之乃知所貴矣蓋貨雖不可去不可遠而要不可貴也視爲賤焉而貴德之心以專且財者末也德者本也君人者每反其道而用之此必貪婪成性耳否則必便辟之逢其欲女寵之蠱其心耳惟先王深明乎末之宜外非同於本之宜內既不以嗜利紛嗜義之念復不以寶物奪寶善之悅舉凡惑吾聰明惑吾心志者均不得阻吾尊崇之至意焉讒去矣色遠矣此特患不知貴德耳如其貴之宜無有害德者矣然猶有貨在簧流之口易蔽聰明斷而去之可矣貨則朝廷厚生之本必謂其妨德而去

之恐朝多君子不能處國乏而展經綸也是當善權其用也然第之歡易荒心志屏而遠之可矣貧則生民託命之原必謂其悖德而遠之恐善人為邦不能強餓殍而生禮義也是貴善處其宜也夫亦曰賤之而已賤之又奚啻於去之遠之哉何也有貴於貨者在也蓋國家利用之經不關封殖重而視之必畏有德者之沮撓而先行貶謫故羨餘進而善類皆空內藏營而老成旋黜讀書而至桑林之禱乃大悟苞苴名禍當借讒夫女謁而並峻防閑況人主厚貨之擁適啓驕淫積而久焉則雖有德者亦緘口而莫救昏愚故寵嬖倖以利權之位竭府庫為聲色之娛讀詩而推敗類之

歸乃益信利欲薰心勢必旌惡賞奸而大乖綱紀審如是是德可
不貴乎處累聖接踵之朝有德者亦樂為奔走尊而寵之是
皇王權位且不敵儒生道德之光況敢縱欲自甘致失有德者之
望乎所以發粟散財之舉大賚惟富善人而敗德者誅崇虎之奸
棄德者討婦言之用何莫非此貴德之心所推而出也豈僅拜熊
羆之學師尚父之箴哉值忠良焚炙之日有德者每晦其辛哉顯
而畀之曰貴覺名器寵榮若專為磊落奇才而設況敢紛華是好
大傷有德者之心乎所以錫田頒器之條建國首推大老而流言
不分三叔之封內治不補九人之鈌亦莫非此貴德之法所嚴為

防也豈徒式商容

鮮之客哉此無他所以勸賢也

機圓法密有筆有書

志，垅以名山為
[illegible]川為之脉[illegible]
為之內

岵音后，峐同屺，礐同卻，磝音敖
俱見尔雅釋山

振河海而不洩生之萬物載焉今夫山一卷石之多及其廣大草木生之 楊熊飛

論地而及所載論山先在所生焉夫河海之振固與華嶽同[illegible]地之為地上有山不先有生之之草木乎且自坤維翕受而川[illegible]脉者必以山為輔石為骨者必以草木為毛此麗生所以並於大生也顧即坎流以驗坤元則泛溢無虞更足見其有兼容之勢而就艮止以承坤道則勾萌有象已可徵其無不達之機載而不畫地之廣厚徵之華嶽矣夫華嶽山之廣大者也此而能載則不特多草木曰岵無草木曰峐胥在其中即多大石曰礐多小石曰磝亦居其內焉而未也則試以不洩觀河海河海之流本動或瀦其

禹貢荊州包匭菁茅逾於
沿至於南河揚州厥包橘柚
錫貢沿於江海

濟河惟兗州厥草惟繇
厥木惟條淮海惟揚州厥
草惟夭厥木惟喬

川 禹貢九山

周禮地官山虞掌山林之政令林衡
掌巡林麓之政令川衡掌巡
澤之禁令澤虞掌國澤之政令

裂地而行，何以證諸前聞？第㝷禹貢菁茅共踰河而至，包橘柚者沿
海而來，從未嘗有所旁溢也，可知烟波浩渺，實借華嶽而并入包
羅河海之量極深，或疑為穿地而入，何以稽諸往古，第覺紀錄條
者永奠濟河，美夭喬者常安淮海，竟未嘗見其下濺也，可知島嶼
瀠洄，固與華嶽而胥歸，茲繩振之如是，不益見地之廣厚乎？然物
生有藏，地固承天以載山，亦附地以生，蓋即滔天者以觀地，則萬
流就下，似較勝乾竭之爭，妍胡為封濬有經列，旅於居條源之
似安瀾有慶，未足盡大塊容保之功，而就本地者以觀山，則
俱脈原難比百川之同灌，胡為虞衡有設，林麓實同川澤之司，知

三十九

□□□□言鮮山多草木
□曰耿山無草木
無草木又南三
十木
無草木葛山之首
□木西山經首山無草木多箭
□山無草木多玉○爾雅釋草薜
蘄木山蘄釋木榣山榎楞山樗
注青要之山實維帝之密都北
有草焉其狀如葌名曰荀
南山經其首曰招搖之山臨於
西海之上多桂
薀藻蘋蘩見左隱三年桑楊
栗見秦風車鄰篇
爾雅釋草薍山蒜菩山葱釋木
檴山檴諸慮山槼

植物尤繁已居兆絶巘巍峩之色則盡進卷石而言山之廣大乎
不知有草木生之乎謂鮮旄耿碧諸峯葱蘢莫睹豺葛魄者[illegible]
蒼蔚無聞是山有不生草木者然不生草木者其異而必生草木
者其常也嗟峨嶕嶫之間蔆黃掩映知不徒山薊山蘄山欆山榎
足驗生機矣何論青要之山北望河曲而多荀招搖之山西臨海
上而多桂哉謂澗溪沼沚非無薀藻蘋蘩阪險隰原不乏桑楊漈
栗是草木有不生於山者然不生於山者其偏而必生於山者其
正也律崒峥嶸之地蒼翠紛披知不徒山葱山蒜山槼山橘足徵
生意矣豈若河東有山曰管涔其上多苜而無木海北有山曰灌

山經北次二經之首在河之東其首枕汾名曰管涔之山其上無木而多草南山經灌湘之山上多木而無草多怪鳥無獸

湘其中多木而無草哉此山之所生猶地之振河海且猶地之載華嶽也進觀所居所興而凡載於地者不又皆覆於天乎

運用有法藻不妄抒　首講中比叅用王步蟾作

有朋自遠方來　二節　歐陽弼

學以及人若徒德成則無人之見焉夫朋來而樂學足及人也然人豈能盡知吾學哉成德之君子所以不慍歟且吾儒終其身於學之中必有以及夫人也尤必有以忘夫人蓋天下之德莫不有鄰而庸耳俗目者流又轉因吾學之日深而瞠乎無見道高毀來固其所也曾成德之君子顧斤斤較量於其閒耶時習而說學之自得於己如此此安必其共得於人哉然人未嘗不知吾學也夫不有朋乎不已自遠方來乎詩書載籍之光鬱之久不能終秘自有為之大其闡發者亦欣賞倍深學原不因朋而求朋適若因學

而至山河雖阻聲欬可通此其故已學者知之未嘗學者不知也性命身心之旨守之獨奚以共明自有為之篤其應求者而感孚倍廣我得朋而學愈進朋慕我而來愈多氣類雖繁性情可浹此其故共學者知之未共學者不知也學至是不亦可樂矣乎然必以是言學猶不免有人之見存也夫學者亦學為君子而已矣蓋吾學淺深之數旁觀未易遽窺當茲爾室潛修豈能必舉世賢愚盡屬同心之侶況世人順逆之遭當局恒難自遣即乜賞音未遇保無對谷[illegible]貽倒怨生望外之情是慍也是人不知而慍也曾或德之君子顧以是易吾樂哉謂人無足知我姑以不慍者淡與相

遭則慍之念雖不存慍之迹猶未化君子不然也庸流詆斥之加亦引爲吾學糾繩之助所以人之知之吾學固不以是加人不知之吾學亦不以是損閱歷深斯怨尤泯第覺人雖眛眛我自囂囂此際之闇修惟與良朋相砥勵耳於學多從容之趣即於人少拂抑之情其詣不亦至乎謂我非人所知乃以不慍者故爲不屑則慍雖不呈於外慍猶或介於中君子不屑也舉世毀譽之故且指爲吾學得失之符所以由內形外考槃固視悅較深自始徹終者不慍尤視樂爲進蘊蓄厚斯意氣平第覺人自昏昏我終蕩蕩此中之落實並不借朋儕爲慰藉耳於人化抑鬱之心即於學臻愉

快之境其品不亦純乎君子亦終身為學中人焉已矣

文有內心語無泛設

吾日三省　一節　　楊鴻文

大賢之省身，戒自欺也。夫曾是曾子，而有不忠不信不習者，而日三省之，其毋自欺如此。若曰參也魯，日置身交游師長間，所望見功日多而見過日少耳，顧功過之辨，每伏於無形，而玩愒之心恒出於不覺，則勿謂身為易治也。寬以治之，常若見功；嚴以治之，轉若見過矣。何則？身為吾身，其臧否人人皆得見之，至於人不得而見，吾之負吾多矣。且身為吾身，其誠偽吾亦時能糾之，至於吾不能自糾，身之累吾甚矣。省之省之，約有三焉：一在為人謀。夫人何為而求吾謀，必曰吾忠也。吾豈不曰吾忠，然天下正有謀雖成而非忠者吾不慮謀之或敗事而慮謀之不盡心也烏得不省一在與朋友交夫友何為而交我必曰吾信也吾豈不曰吾信然天下每有交雖深而非信者吾不患交之有比匪而患交之少真忱也烏得不省一在有所傳夫師何為而傳我必曰吾能習也吾豈敢曰不習然天下亦有尊所聞而非習者吾不懼傳之非其道而懼傳之未卒業也烏得不省且吾也遲鈍成性謀不能如人之善交不能如人之廣習不能如人之敏即使無不忠不信不習而所得有幾況吾也僕拙無能而人不以是棄予友不以是疎予師不以是薄予倘使有不信不忠不習則雖悔何追此吾所以日省也於

誠身之學。當乎否乎。
簡潔老當少許勝人多許

有子曰禮　一章　　曾存德

禮以和爲貴非一於和者比也蓋禮所以貴貴其用之和也然竊和於禮而禮可由舍禮言和而和不可行又豈無辨哉且世之言禮者動謂以情勝不如以理勝矣至禮勝而離則又謂以理勝不如以情勝豈通論哉蓋理不可執當以情通之情不可踰仍以理範之彼勝乎理之本然不出以情之自然固無以順天下之同然也即力矯其弊而任乎情之適然不制以理之當然又何以見同然者之不可不然而理中之情無不二矣夫情中之理耶有子處文勝之世見夫先王制禮之意蕩然無存後人蔑禮之爲離然各出

也慨然曰道之可行若孰如禮哉禮之可貴者非以和哉將警流
蕩之愆謂從容非禮儼恪為禮則禮之所貴要在先王知天秩天
敘之情有不必警夫流蕩而自不至流蕩者故本肫肫為藹藹而
範圍不過九州皆以率循王路為大防慾懲放浪之失謂樂易非
禮嚴恭為禮則禮之所貴實存先王知人紀人綱之正有無庸懲
夫放浪而自不同放浪者故寓肅肅於雍雍而制作所留百世猶
以愆忘舊章為深恥其和也其美也其所以為美其所以共由也
豈有不行者哉雖然猶有説蓋惟禮文明備之朝上則雍熙有象
下則嘻嗃無聞所以嘉會釀為休風而各教之中無非樂地若在

禮教淩夷之日朝則法制皆淪野則矩規盡越勢必惡習流為佻達而性情之累安有窮期夫非猶是和哉何知和而和不以禮節之也亦不可行而已然則因不行以咎和而和之可貴自在也人惟未消亢戾舉動始病拘牽以禮中之和出之大而朝廟襄儀和神人以軌物小而閭閻讀法和邦國以會歸恭敬神明出以慈祥之天性推行有形其盡利者何至立心不節莫正性情制行不節難端矩矱也哉然則因不行以學禮而禮之可行無疑也人惟未化矜張履蹈斯形踽踽以有節之和與之小則端範一身和順英華在四體大則樹型四海和親康樂為一書精神強固運以血氣

之均調施行有決其無弊者何虞居處無禮言動皆非進退無禮
拜跪亦偽也哉此禮所以可行即和所以可行也人苟以知禮者
知和何不可行之有
融洽分明題無賸義其輕圓流美正如初搨黃庭　講下參用
徐慶雲作

先王之道斯為美

李觀瀾

道有由美大賢神往於先王焉蓋先王之道即先王之禮也而所為美者則在於禮中之和有子故為之神往歟且不窺制作之精者不識斯人同具之理也不探創垂之意者不見萬古不易之經也前聖人本夫理之自然制為法之當然至流傳既久幾莫明其所以然使不為之追原其故烏知所為前民利用舍是別無復加者固不自今而始然耶禮之用何為以和為貴哉是蓋有其道焉則盍即用禮之後人而溯及制禮之先王日用有常遵之則其坦然共適者或令人一望而生疑顧何以揆諸人事乃若如斯則得

不如斯則不得也是先王實有以利導於其先也宇宙一適性之區其油然自生者幾使人深思而莫解顧何以適諸人心又若如斯則安不如斯則不安也是先王又有以維持於其後也無他先王之道至美之道也吾蓋嘗即禮中之和而為之恍然矣蓋道苟不循夫天理則其美必不彰先王洞悉夫天秩天叙之原舉所為不豐不殺不寡不多者悉因一理之化裁以垂為定制故無事過為粉飾而第覺周旋之際物則胥存道苟不合人情則其美猶有憾先王深明夫人紀人綱之要舉所為有直有曲有經有順者胥本一情之因感以作為儀文故未嘗出以矜持而遂令酬酢之餘

性真畢露以言夫道之美意者其在斯乎運會不能有升而無降其遞為降者雖先王莫起而與之爭試為溯曩昔之窺為乃覺乎易近情一入其中均相喻於無言而默然以息無他道在則然耳今即運會稍殊而但此經曲之細器數之微在人人目中若莫不有一先王焉斯即所以為美也而其道豈可私哉人心不能皆厚而無薄其流為薄者雖先王難預為之計迨一思聖明之創制乃覺從容以中苟親其境悉若發於不覺而怡然相安無他道在則然耳今即人心消變而祇此拜跪之文獻酬之節在人人意中若並不知有先王焉斯又所以為美也而其道顧可少哉此小大所

以由之也禮之貴和。不益信乎。

思精筆妙題蘊畢宣　中比參用乙一步蟾作

因不失其親　二句　胡承烈

交期於可宗勿以暫忽之也夫因交之暫者耳而後日之可宗即視今日之可親交友者盡審諸且交道之衰衰於隙末之後也實衰於驟合之先蓋惟視交太易不暇實用其交之情故其全交甚難每成終敗其交之勢至於終敗其交人遂疑交道之不易全也庸詎知傾蓋之歡可藉為終身之託特輕言結納未足語此爾豈特復言必期其可恥辱必期其遠已哉吾嘗審於交際之閒又恍然於數之不久其故為有由矣氣求聲應之端原非人生所可缺乃有交徧寰區自詡安危可恃而艱難所值曾無一二之堪依始

思擯棄朋儕廣者絕交之論是徵逐祇滋愧恨也此其失失之躁志合道同之輩始亦渺然不相知乃古情輸肝膈遠云締契有真而緩急可資反在締交所不及遂謂須臾邂逅概非託命之朋是覿面傾睞同心也此其失失之疏無他交要於可宗而實起於所因也苟不審其可親亦安往不見其失哉以生平親我之人而徐求其親猶可也追而試之所因則失得之故有不及求詳者視天下無可浼我之人失因在於恃己視天下無恐負我之人失又在於恃人一失其親恐所親舉非其親也況欲即所因為倚毗也以舉世共宗之人而必期其親猶可也驟而觀之所因則可否之幾

有遽難自決者廣示包荒之度親即失於多所隨自高道峻之風親復失於多所刻因失其可雖其親難保其親也況乎以所因為保者也何也因者親之始宗者親之終也不失其親則因之之時不可決宗之之效乎順我者易親吉相先凶即相後利我者易親禍相及禍亦相連可不慎防其始乎振古奇傑之士聲華逈軼人羣而倉卒依人卒不免聲名之俱裂無他急所因而不得其親耳則何如不以因視因者之無憂失己歟親以意氣堪共樂不堪共憂親以勢楔足同功未足同患何不審慮其終乎古來性命之交禍變非無猝試而悃忱足恃猶能出萬死以相扶無他得其親而

已得所宗耳則信之不能不失所因者之無憂失人矣慎交者其鑒諸。

筆調翩翩超然拔俗

因不失其親　二句　　陳丹詔

慎交於始友道所以全也夫友固以親為準實以宗為歸也欲求可宗奈何失其所因哉且交際之閒其必慎於始乎勿謂一日之從違可忽也畢生之得失定焉勿謂當前之投契甚微也異時之緩急係焉欲賴其終先慎其始有無容輕率相就者言以近義復恥辱以近禮遠固已以言交友不又樂得可宗者而宗之哉大凡意氣之盛不能終日學術之契則可畢生故有情重忘形一旦難辭割席而交逢傾蓋千里可證同心者胡不察之於早也抑凡勢利之合難恃百年道德之歸乃能終古故有握手談心他日儼同

陌路而班荆道故，白首易初衷者，何不辨之於先也。蓋欲得其可宗，必自所因之不失其親始也。然思如何而後為不失其親哉？必其人無牢籠要結之心，而覿面訂交，即決其終身可託，功名與共，不以嫉媢啟其嫌，患難與同，不以死生易其志。人第見其宗之無不可，不知皆因之能慎於前也。向令修言延攬，或誘以爵祿，或迫以危疑，一旦事易時移，欲宗焉恐貽失身之譏，不宗焉又恐獲負義之咎，有追悔締交之太易者矣。必其人無門戶標榜之習，而相逢結契，即決為吾道不孤，講學名山，有異同而無攻擊，馳書千里，資辨論以為發明。人第見其親之必可宗，不知皆因之不輕於始也倘令自峻門牆或攀附以為高或繫援以為固一旦謗生變起欲宗之恐預清流之禍不宗之復難逃清議之加有自覺撫膺之莫及者矣是故古君子之擇交也不以猝然相值輕與周旋而當前傾蓋之歡即可為異日下車之地不以急於相投而曲為還就而片言然諾之許即可為終身性命之歸交友者其慎之

氣沛詞充中幅亦見包孕

孟孫

徐大年 原名鳴岐

聖有不能忘情者、特為吾黨舉其人焉、夫孟孫固於樊遲無與也、予因遲之御而告之、非不能忘情於其人乎、且人有不能釋然於心者、非得局中人而明之不可也、乃有時欲得局中人而明之、轉不得不因局外人而及之、且不能不向局外人而道之、豈局外人反勝於局中人哉、亦不期而遇、夫局外人乃愈難遽忘此局中人爾、知吾今日之於孟孫、是人苟非中心所鄭重之事、則境過而意亦遷、惟此事嘗縈懷來、遂不得不覩其緣起之人、深其慨念、抑人苟非生平所屬望之人、則時隔而情亦淡、若其人久為同學自不能不循夫稱名之例重為氏徊吾蓋極不忘夫孟孫云孟孫之先有獻子獻子固賢臣也觀於懸而不樂御而不入其操行方人一等者孟孫果克繼前光將見獻子守義方於昔孟孫承遺訓於今流澈不賴以無替乎賢臣之裔有賢孫天下之稱為美談者當莫若孟孫孟孫之先有莊子莊子又肖子也觀於不改父臣不改父政其纘述有覺其難能者孟孫誠克承家法將見莊子以不匱開先孟孫以迪光啟後遺澤不藉以長存乎肖子之孫皆肖子天下之稱名飭事者又莫如孟孫嗟嗟簪纓之族誰是象賢以孟孫堂構相承我何能頓忘其素參閱諸人共推德行在孟孫觀摩已

久子當亦樂證其人何也孟孫固嘗以孝問我也無違一對子以
為何如

詞筆輕圓恰如題分

多見闕殆　行寡悔

吳廼升

制行等八、弗言尤寡而悔亦寡矣蓋多見為行地猶多聞為言地也由闕疑而闕殆是行與言交慎矣尤不與悔並寡哉且君子見善則遷其不待人責而先引為已責者固欲言之顧行而即欲行之顧言也顧操持在踐履進勘、而奮往有功斯身世有周旋合徵之而樞機無憾由博而約善行所以在踐言也向非交致其功何以不見作於人亦復不抱愧於己耶寡尤之學在多聞闕疑慎言其餘此雖有所言猶未及行而即從而慎之安在言滿天下然口過即可決其行滿天下無怨惡乎惟然而制行又當寡悔矣是非可否之端得諸耳聞不如徵諸目擊故必多識以為畜德素履乃敢卜考祥躁釋矜平擇之精無非行之篤也而言之有物者不可望行之有恒與動靜起居之際無慚乎斯世尤必無愧當躬故欲攸往叶乎亨衢先迷乃以徵後得通權達變居之安國貴資之深也而言可為坊者不更期行可為表與多見闕殆慎行其餘其由寡尤進於寡悔者非行於未言之先而後從於既行之後哉且夫慎行之士大抵皆慎言之士所恃自脩之功可獨信即可共信耳蓋天下先有少所聞而能多所見者更未有多所見而無待多所聞者向令見之多能敵聞之多而行之慎不能如言之慎則殆

中之疑日交於疑中之殆其無以對人者猶淺而無以對已者更深將何時可信其能以寡尤者寡悔哉惟然吾得因言之寡尤而計及行之寡悔世豈無能知所悔而每不知尤之由來者急其言而緩其行自以為有大德不必無小疵豈知一念小疵我躬早難免糾繩之集乎古大儒省身常惕積數十年孤詣始克無負疚之端知師表人倫聲律還期身度也葢滿志尚待躊躇爾世亦有力改所悔而終難改尤之多集者言太過而行難追方且謂求大成必先安小就詎知一時小就我心遂敢詡洗滌之功乎古大人克已有方僅一二端違心乃引為終身之感知儀型庠序必信尤貴

不回也而程功正非以己子果能於行求寡悔且能以言之寡尤者實見其行之寡悔否乎暇言祿乎

法密機圓游行自在

天子穆穆　李振家

擬主祭者之容詩之義有專屬矣夫三家之祭主者特大夫耳亦知詩固明言天子而擬以穆穆乎其義之有專屬如此嘗讀那之頌有曰穆穆厥聲此美其樂之和非言其容之盛也抑知一人主鬯非徒雅樂之昭宣七廟薦馨者德容之凝肅淵淵莫測亦蕩蕩難名迄今莊誦詩詞猶想見盛王氣象焉詩云相維辟公誰相乎相天子耳蓋惟有輔治必有主治天子所以大無外之規而黈纊凝旒乃獨徵一人之首出亦惟有攝政而無攝祭天子所以崇九廟之典而愾聞愛見所默通先世之神靈詩又詠之矣曰天子

穆穆以父前子名而諱則主器攸歸應稱孝子茲則不言孝子而言天子者蓋當羣侯襄祀非隆以付天之休付天之寵恐名號或從茲而褻也故假皇考則曰孝子對羣公則曰天子詩實有以親兼尊之義焉以昊天其子而論則巡狩祭告始稱天子茲則全乎子而亦言天子者蓋方祀事孔亦當知天子子庶民昊天子天子見名器無可闇干也故告於神則曰曾孫假於廟則曰天子詩又有循名核實之思焉斯時也右烈考右文母無言之奏假自周洽於瑟琴流之際而萬馨形容昌厥後燕皇天主鬯之儀容若焜耀於山龍藻火之華而倍形深遠此穆穆所以詠歟然則未爲

天子罔不敢言天子矣想當年三分服事文爲子氏勳臣不過與
于京徽美后助祭於赫湯孫之廟蓋惟天子自有眞耳故有時追
祀高亞亦惟采蘩是詠自甘引分於公侯直至戎衣底定乃敢儼
然爲天子焉大一統以明尊而陟降有靈遂默鑒其如日如雲之
度即至將爲天子仍不敢言天子矣想當日未集大勳武亦岐陽
令辟要惟與微盧彭濮同退居夷懌嘉容之班蓋非天子不議禮
耳逮於今上祀先王雖以姬旦元勳亦安支子之不祭蓋惟武王
受命始巍然稱天子也亶聰明以作后而蹌濟在列可統揖以式
金式王之容文有至德而大寶未登故是詩不作於文而作於武

曾賜重祭而侯服自守故是詩不繫於魯而繫以周三家之歌奚爲者

手揮目送不同泛賦詩詞束比二義尤爲確切不磨

關雎樂而不淫　　曾廷芬

即關雎以言樂，而樂已得其正矣。夫關雎固作於文王得后妃後也，乃其樂如此，而其不淫又如此。子故先揭之。且從來妃匹之際，人情所不能已也，而情或昵於所私，則德已先爲所汨。惟聖人以德合德，宮闈裕萬福之原，惟詩之以情言情，愛慕極一時之正，迄今詠歌所及，覺發乎情止乎禮義，固已欣歡鼓舞於不自知矣。今夫盛世之音安以樂，故十五國實首周南；國風好色而不淫，故三百篇端資正始。吾所爲有感於關雎也。夫關雎非爲文王得后妃而作乎？宮庭靜好之私，何關治道，而婚姻禮正，說者謂品物遂而天命全則爲悅豫於中宮正非等桃夭之樂及時鵲巢之樂被化窈窕儀容之美何與化原而天地行偉說者謂奉神靈而理萬物則美蘼雖於內治又豈僅葛覃之樂節儉樛木之樂深仁以是而樂。固其所也特言樂於關雎有難焉者賡歌半由臣子而關雎則作自婦人以彼永巷幽姿不盡識敦厚溫柔之旨苟歡娛抒寫漸開謔浪之端未必非縱情者之階爲厲也乃贄御何知學問辭旨一出以正裁初未聞縱欲溺情下等海誨之詠是懿德爲已深矣雅頌兼賢朋朝而關雎則奏自房中以彼牀第私情詎以凜躁釋務平之意苟長歌曼嘯流爲靡麗之音未始非過情者之啟其弊

也乃聲音通諸政治管絃代播其休和又不閒慢易嘽諧上賡和
平之聽是主德爲已純矣其樂如是何淫之有哉采蘭贈芍之風
或自寫其歡心悅志而樂流於濫性情也穢褻形之慆淫所不免
矣關雎之樂則以性不以情爲無論胥宇代有賢妃思媚端推室
婦徽音克嗣上承宗社之靈即如文鳥播其和諧荇菜傳其悅懌
辭重語複亦若有端冕齊戒之思是惟文王能樂后妃之樂而宮
人歌以正其樂也何疑於晏朝致刺爲後王嚴佚樂之防哉爭憐
妬寵之朝亦自託於揚風扢雅而樂荒於溺功德也色愛參之淫
佚所必至矣關雎之樂則在德不在色焉徽論好逑而必曰淑定

祥而姊稱天不顯其光仁溥汝墳以外即至瑟琴曲傳耽婦鍾鼓樂極導揚中正齋莊雍仍儷協清廟明堂之奏昇惟后妃能化南國之淫故宮人先不流於淫也更何疑求賢託詠為宮嬙輸好樂之誠哉合之哀而不傷關雎非用情之則乎

志和音雅躁釋矜平

關雎樂而不淫

王步蟾

載觀風始言樂者已得其正矣、夫關雎之詩、風之始也、豈第言樂哉、然其樂固不淫矣、樂之得乎正已如此、且自歌秣馬者游女難求、詠乞麕者吉士難誘、竊歎二南之化、好色不淫焉、抑知化有由開、宮寢休風推之、乃閨闈習俗、即情無或溢、琴瑟雅韻被之皆絃、管芳徽聖主深心、有可以嬪御謳吟得之者、蓋娛情也、而正性見焉矣、今夫五倫為生人所當盡、而夫婦實屬起化之原、六經皆學士所宜參、而歌詠獨得無邪之旨、詩有關雎、豈無意哉、明星皎月、三百篇多言男女之私、而草野流風終乖雅化、關雎則芬揚荇菜好逑致詠實啟鳥流魚躍之祥故寤寐繼懷播諸樂章而非褻昧且雞鳴十五國豈乏柔嘉之作而閨門瑣事難入正風關雎則化起河洲淑女來歸足徵麟趾鵲巢之應故宮庭盛德垂諸篇什而非詩何也關雎之詩為文王樂得后妃而作也吾於其不專言樂者見正聲之臻其盛即於其不過乎樂者見逸欲之絕其纔暬御何知學問而深宮珥筆偏能舉君后和平之德示及後人當其摹繪隱微原不僅以鐘鼓和鳴鋪揚外美聖人豈外人情而天妹定祥乃能立倫常正大之規垂為家法即此聲音悅豫要未嘗以帷房溺志致誚無儀不觀其言樂乎有近於淫焉否乎三代之衰多

□女寵商辛夏癸傾城之覆轍相尋而關雎之樂何其節也環珮初□□□肅雝雅度而近侍之仰承風采者乃敢以掩庭德意先葛覃卷耳而賡吟則樂之為道得矣所以儀容之情欲不形上可嗣徽音於京室動靜之燕私不雜下可開內治於邑姜列邦之亂半出宮闈儆箴新臺穢德之醒聞巳極而關雎之樂何其雅也舟梁載造幸瞻窈窕芳儀而宮人之雅擅賦才者乃得以箕帚餘閒託流水鳴琴而趣興則樂之感人深矣所以關內積太和之氣化行於荇首婦人房中傳大雅之音教被於桃夭女子此關雎所以作也進言哀而不傷愈可見性情之正矣

卓犖紓徐兼擅其勝

事父母幾諫　一節

黃登第

諫親有道始終一敬而已夫諫而曰幾敬父母也不違不怨非始終一敬乎且人子事親大抵皆以順親爲貴也至不得已而以不順者曲致其順則惟始終一敬乃能不失順親之常蓋敬不可直將規諷隱行言必渾於無迹即敬或難盡喻庭闈偶拂意當久而弗渝本一敬爲始終覺親之順不順未可知而子之所以順親者自無乎不至矣今天下競言事父母矣亦知以敬行其諫乎帝幃之底豫悉本齊夔至以義相規而其原已淺倘復出以危辭讜論親心其能安乎夫親心所難安之處正子心所難安之處也骨肉

之感通胥由天性至以言相諷而其用已窮況明摘其過失瑕疵
親心其能忍乎夫親心所難忍之端尤子心所難忍之端也言有
諫也必幾焉而始盡吾敬也如是庶可決其從矣乎然而難言之
矣而如其見志不從乎天下無不是之親其不悅吾言也非吾父
母也敢拒吾諫實吾不能積誠以感之也咎在藐躬顧敢自以爲
是致顯父母之過乎計惟起敬焉而不自違初志焉已而如其不
從而勞乎天下無不慈之親其責備吾身也非吾父母之不愛其
子實吾之觸其怒以致之也愆在一己而敢自謂無罪反議父母
之嚴乎亦惟起敬焉而不敢怨吾親焉已不違如是不怨又如是

非始終以敬行其諫乎逆料父母之不從而並不用其諫是懟也懟非敬也左右趨承久恐陷吾親於不義幸而轉圜有術足博親歡不幸而詭諷乖方已傷親隱於此惟永矢吾敬焉謹承色笑無敢稍易其故常萬一督責相加而鞭撻餘生猶且於負罪引慝之餘冀吾父母異時之覺悟其用心一何婉也豈非敬之所存者深哉偶因父母之不從而欲遂發其諫是疏也疏非敬也晨夕護持要必全吾親為聖善幸而挽回有日吾獻吾忱不幸而補救無期吾盡吾愛於此惟益將其敬焉曲意奉承猶冀獲伸其論說即使譴呵偶及而涕泣而道且必從時過境遷之後邀吾父母一日之

鬱原其用情一何摯也豈非敬之所持者永哉嗟嗟空山號泣大舜所以能得親小弁憂傷後世所以稱孝子孰無父母可不以敬行其諫乎

意極婉摯詞亦和諧

我不欲人　二句

周麟書

合人我以明其欲若易視無加者焉夫我不欲人加即人不欲我加固也何子貢之即不欲以明其欲者乃易視無加者歟且人我各用其情而情每未得其平者亦未嘗於人我間揆之耳夫不欲勿施夙承師訓一爲悠然默會有欲奉一言之教行之終身者竊嘗以逆情者驗我之情即不以逆情者拂人之情覺人我之情若有以相渾於無間焉蓋自人我同此欲而天下之性情通亦自人我有相加而天下之性情見我竊有感於我矣我竊有感於人矣謂人非我焉知我之欲我非人焉知人之欲逆意之投紛然迭起

此加於人之說也我則何如也然人雖非我而人之自視即我我雖非人而人之視我即人凡人之情不甚相遠此不欲人加之說也我又何如也蓋有所不欲者人情之常也有所不加者順情之道也我將以所欲造其端我先以所加起其例天下惟身受者為最真不驗諸我而僅論乎人雖曰無加猶隔膜也切而驗之我則參差之見無難自化矣天下之理本至公賜亦欲以近譬者還天理之至公人已詎虞或隔歟天下惟拂情者為易見不推不欲而僅言所欲雖曰我加猶虛惠也實而推諸我所不欲而拂逆之端無難預泯矣生人之心本無私賜亦欲以絜矩者還人心之無私

物我詎有異睽歟持達觀之見者謂人與我可以相忘然與其相忘也不如其相通也祇此性情自盡之事但使以我揆我不見我之有異於人即可由我觀人不見人之有異於我則雖博施之詣未敢驟期而僅此周旋酬酢之間則固差堪自信也賜所為殷殷以自勉者此爾持矯情之論者謂我於人何所不受然與其無所不受也何如其有所不施也祇此往來相接之常但使以我絜人我不欲猶是人不欲即當視人猶我我所加一如人所加是雖立達之功本無限量而僅此畛域町畦之見則固不難自祛也賜所為隱隱以自期者此爾我不欲人之加諸我也吾亦欲無加諸人

天子以為何如。
醒豁處如灌頂醍醐有怡然渙然之樂

季文子三思而後行　二章　邱揚馨

思多者必終惑愚極者愈莫幾焉夫思如文子非愚審矣愚如武子常慮甚也子兩衡之而可否難易之故以明且慮事之誤誤於畧不誤於詳也而詳亦有弊謀國之成成於巧不成於拙也而拙轉可嘉非倒置也況幾雖甚觀變而用心過甚益見紛心明哲固足保身而立節彌迂乃全大節觀乎此可曉然於應務之無取遲疑臨難之當知慷慨矣今夫心必自有權衡不宜為委曲周循之見遇不能無常變所賴有鞠躬盡瘁之忱謂詳審可無過舉何以老成練達每多叢脞之虞無他智慮過周精神反錮也故深沉貲

夫果斷斯得失是非之互見商確焉弗涉游移謂巧詐必獲成功何以智士機謀反蹈圓通之咎無他禍福太熟趨避轉非也故成敗係乎公家而艱難險阻之備嘗尚論者不嫌樸拙夫然而季文子可鑒矣軍國大計惟斷乃成思至三則所行莫決社稷深謀惟敏乃集三以思則所行多乖子斷之曰再可與不可判然明矣夫然而甯武子可風矣坐鎮任乎從容邦而有道知第以才畧見歷難不辭艱險邦而無道愚實以天性成子重之曰其愚可及不可及較然別矣大抵識見不可不明識見又不可太明處機務紛乘之頃而罄吾心以審其幾莫不謂知而非愚矣究之始入其中而

繼復出其外前有所得而後仍無所從往復循環欲求一滿志之期而不得則何如善用思之為愈也文子竟昧然也當日者出莒僕以斧權國幾兆亂縱襄仲以殺嫡君亦瀕危苟稍知忠愛之臣亦必捐軀以報主乃賊弗討於我國內畏其威會且請於强鄰外行其賂則三思之為累深也子以斯可者示之彼慮遠計深者其亦當知所返哉從來冒睖所以僨事冒昧亦所以濟事當國家多難之秋而出此身以嘗其險幾不知再思三思矣要之憂國念重則身家之計輕愛主情深則利害之見淺孤行壯往大異於處順之日所常為夫何計其愚之已極也武子固坦然也當日者襄牛

出奔黎庶羣疑其上獄犬興獄陪臣致訟於君在稍知圖度之人方將沈幾以觀變乃宛濮是盟身可危不可殺槖饘是納君可執不可亡是其愚之所全大也子以不可及許之凡倖生畏死者不且抱愧弗遑哉

配搭停匀斟酌飽滿

子曰伯夷 二章

鄭亨

兩論用情以直道維世也夫舊惡不念夷齊之直也乞鄰以與微生高之不直也子兩辨之非以直道維世乎且直道之壞壞於容人者之寬於用情尤壞於絕人者之刻於用情直道之亡亡於待物者之薄於用情尤亡於徇物者之曲於用情刻於用情而天下無真是非曲於用情而天下無真行檢此聖人所大懼也不然嫉惡有從嚴之意則直在人心好施高不吝之風則直在世道子何必有感於夷齊微生高哉蓋自門户分而激揚變為攻擊自新無路憸人側目於清流追至報復相尋則衣冠之禍亟亦自任俠出

而任卹變為解推慊慨為名公義盡成為私惠甚至死生相許則
姦宄之習成夫子曰是未聞夷齊之風也夫夷齊非古之惡惡者
哉何以有過必繩初念未嘗輕恕前愆已滌舊惡不更苛求第覺
怨隙無開惡人而不為人所惡乎直果何如乎夫子曰是大抵微
生高之類也夫高非世所謂直者哉何以市恩於或或乞醯而不
辨所來掠美於鄰鄰與醯而不知所往時覺紆迴其念與人而轉
為人所與乎直顧如是乎且夫王道本正直耳刑賞胥歸忠厚缺
憾自平友助悉見天真詐虞不事自法網密物力艱而直之道一
變焉子以夷齊微生高諷之俾知刻深者薄不妨許補過於僉壬

要結者誣未可竊美名於施濟斯直之所留者多矣遵斯道也移郊非不齒之條借乘見古風之厚直道依然何難返斯民於三代哉且夫人生本至直耳有人心即有好惡何毀何譽有同類即有周旋無怨無德自議論繁結納侈而直之道又一變焉子輿夷齊微生高示之俾知絕物者苟門墻無容過峻隱情者妄樽俎皆可盟心則直之所全者大矣推斯意也持清議者存與人為善之心渾物我者有相見以天之樂直道猶在何難挽叔季之澆風哉子之以直道維世也如此

結構精嚴風格遒上洵學養兼到之作

子曰盍各言爾志　之志

林朝邦

志以言見宜聖賢之互相叩也夫由與回皆志子之志者也叩之而見其無憾無伐無施由所為還為子問歟且儒者學聖人之學大抵皆志聖人之志也而有未易强合者故聖人嘗為賢者核其真而有必當進求者故賢者欲於聖人觀其大否則一堂坐論固曉然於忘物不如忘我去吝尤貴去驕矣何善誘之意方殷而善學之心轉切耶顏淵季路侍於夫子皆學夫子者也夫子之志當惟二子知之二子之志當亦惟夫子喻之矣子乃詔以各言爾志也曷故子蓋見慷慨自居者亦欲通有無於儕輩而私欲未化終

難免凶終隙末之嫌以由不忮不求其能輕夫物必能公夫物也故使自道焉以覘所學之淺深子又見撝謙自處者時能置勳業於不言而克復夫深卒不無矜己誇人之念以回若無若虛其能克夫己必能忘夫己也故使之自陳焉以驗其心之純雜維時二子乃各以所願對矣車裘與共敝而無憾即夫子脫驂以贈之意也善勞所在無伐無施即夫子善世不伐之說也不誠有合於夫子之志乎斯時夫子怡然顏淵默然而子路毅然矣大抵吾黨襟期未嘗自隘居恆緩急相濟方謂遠過鄙吝之徒及觀於善量相同始識區區待人猶見其淺也若進求聖量誠不知恢之彌廣者

又當何如矣而且吾學境地本無窮期夙昔施予為懷不過稍殊勢利之輩即進以己私是克仍覺斤斤制欲未極其至也蓋微測聖心知所為出於自然者實難懸擬矣此子之志子路所為以願聞請歟謂學者尋常之見不足上測聖神則志在夫子即聞之似難驟解而有不能默爾息者志以推而愈廣回之願有以勝由子之願必有以勝回也由共車裘行惠固成小惠回忘善勞近仁亦豈即安仁引伸靡盡之餘能勿以願聞者與回相期於遠大哉謂至聖蘊蓄之深不可傳諸論說則志在七十子欲聞之亦屬甚難而有不能淡然忘者志以進而愈精由所願既不如回回所願必不

如子也由能無憾推恩原域於私恩回無伐施忘我又豈能毋我循序相求之下可不以願聞者與回仰企夫高深哉此子路意也

迨子告以所志而二子進矣

流動充滿純任自然

子游為武城宰　　臧明者　　馬近光

宰貴得人賢者若第見為有焉夫得人一問子固知有臧明在也然人豈易言得哉子游故第以所有對歟且自選士之與操自朝廷世遂以為登崇俊良非末秩微員之事此下吏之門所以一無所有也抑知有其權即畀以卿相之任知遇固極一時無其權則視為師友之資賞音亦足千古比其意三代下無知之者而聖人期焉賢者訓焉今夫居官必搜羅才俊然後仕宦無冗官作吏能延攬英豪然後丰裁非俗吏即區區一邑亦未可謂無人也子游之宰武城何如者憶自斷木禦師用矛資卒武城素習強悍之風

不有人焉與為轉移則擾攘干戈民氣必囂而弗靖而何以無弗靖也知必有助之為理者也況自鄰人之怨吳子加兵武城又當凋殘之後非有人焉相為調護則憑凌戎馬民俗且積不能安而何以無不安也知必有賢以為治者也曰女得人焉爾乎夫子固已知武城之大有人在也蓋惟人之易言得者不賢乎其有以便捷而收為羽翼晉接之地悉夤緣一籠絡即樂為趨承耳目之前皆黨援此即門左千人門右千人而得之可極其多實有之皆不足算也子游則辨之已真矣而凡人之見為有者非敢遽言得鑒賞之識不容矜想像極見聞之表推許之真無可沒音塵在離即

之間雖欲朝取一人暮取一人而有之自在目前覺得之究難如
顧也予游劇羣然高望矣作而曰有澹臺滅明者簿書錢穀之場
不足以求真士無論風塵末吏未解品題即自命風流亦或徇於
浮文而不知繩以道義則雖有仍之不有也偃於滅明何如者伊
人宛在契以形神之子可懷通以寤寐偃有之蓋武城所自有也
其亦可以告慰也乎治劇理繁之下無由以友端人無論鞅掌賢
勞弗遑物色即彩言投贈又易佞於聲氣而難相喻於隱微是其
有不如無有也偃於滅明則異見衆濁獨清一可當百人棄我取
士也無雙偃有之舍武城無從有也庶幾可酬厚望矣乎試進而

舉其概。

氣爽機圓中權扼要

則野　　許芳

有失之野者質勝則然也夫至於野則不得謂之質矣然以質勝文者視之其野顧何如乎且先進於禮樂世嘗擬為野人是野人之稱固世所共恥者也顧以野人目先進相擬固非其倫即以先進為野人衆惡尤所必察獨奈何有陽慕先進之名而陰違先進之實者其持身涉世閒乃明明於先進日益遠而於野人日益近耶噫可異矣夫勸質勝之文者乎二事也不惟其華惟其樸吾亦明知樸之有足尚也乃欲為斂華就樸之以尚竟至因樸而盡去乎華則弊之所呈將有不第見其樸者一言也不為其煩為其簡吾

非敢謂簡之不足多也乃不謂刪煩以自之足多竟以厭煩而一
趨於簡則言之所省必有不止在於簡而以吾觀之野則已無野
之義同乎鄙嘗也鄙陋之區聲教不通上國而冥頑者俗耳不聆
絃誦之聲椎魯成風目不覩冠裳之象任天而動其野有出於性
成者不謂學士陶淑有方乃等於鄙野之未通聲教野之地近乎
郊嘗見郊遂之子見聞每囿方隅而悃愊無華舉動樸形其坦
率威儀不謹言語亦見其粗疏淺識自安其野有成於習慣者不
意儒生觀摩有自亦同於郊野之自囿見聞吾則以知其野之有
由致焉誠慤固立身之本無涵養則不著輝光恪恭亦接物之宜

無等威則終疏儀節失於野者何昧昧乎以是人而用之樽俎之地吾恐皇焉失措反躬亦自謝其不能矣吾則且窮其野之所終極焉任疏狂而違禮法形骸之放浪既可憂厭繁縟而率性真儕輩之交遊尤易狎蹈於野者何茫茫乎以是人而登諸風雅之堂吾恐率爾相嘗旁觀必共譏其不類矣此質勝文之弊也若以文而勝質則其弊又有在云

樸實簡當不蔓不枝

子之燕居　一節　楊鴻文

以燕居觀聖其容色可擬矣夫燕居亦常耳乃有見爲申申如夭夭如者其容色不可擬乎且學者從聖人遊聖人之德容詳哉其言之矣顧有可以言傳者有不可以言傳者睟面盎背之神想像焉若得其真擬議焉祇得其似也則有如子之燕居吾黨蓋見夫聖德充周無在不與陰陽合撰聖心安適無往不與禮樂同符而不禁穆然於予也息一心而無競中和之理靜與之函穆然未忘者參贊位育之事渾然不露者喜怒哀樂之情也澄萬慮以靜觀樂易之天發而交暢莫名莫贊者乾坤日月之容可挹可親者化

雨春風之度也則將謂有容之可象乎而不盡容之可象也嚴翼之恍將以暇豫遠觀之而若得其象近即之仍莫繪其神則以為申申如也將謂有色之可窺乎而不盡色之可窺也齊莊之體出以怡愉淺按之而若獲其端深求之又莫得其實則以為夭夭如也蓋惟心純乎理舉外來擾攘皆無足累其天故性定者體自舒靜謐之中彌形坦蕩而且機動以天即偶爾發宣亦若難名其妙而息深者達自亹流行之下自覺雍容以此知神明顧諟之中其戒慎於平時者無敢或放猶曰有所凜而持之也至燕私之際不待凜而持是履泰之安與豫順之動油然相合於無間矣而存養

為彌至矣以此見物我交接之際其因應於臨事者莫敢少寛猶曰有所執而謹之也至燕處之時不待執而謹是活潑之機與淵穆之致默然相喻於無言矣而醞釀乃愈深矣蓋燕居靜象也靜而能筦乎動德之所以合天且燕居暫時也暫而不失其常誠之所以不貳聖人之容色可得而見者如此

詞意簡當非時手所能猝辦

不圖為樂之至於斯也　陳丹桂

樂有莫名其盛者聖心所深契也蓋韶之為樂固夫人而知其至者也不圖之歎非子孰能深契於斯歟睪然曰今而知吾人耳目之所及必有異於所未及也接乎其地而精神以生今而知古人精神之所傳更有異於人所傳也接乎其物而氣象一變吾茲有感於韶之為樂矣驟聆之而儼乎其若思也茫乎其若迷也悠悠乎其若有所會也從器數求之而器數不能盡從聲容求之而聲容亦不能盡也吾於斯見覆幬之全神焉靜按之則穆然其化神也淵然其氣盛也浩浩然其功德之緼也爲憑虛索之而虛者不

可索為核實求之而實者不易求吾於斯得制作之精意焉蓋前乎斯者雲門咸池亦足導和而鳴豫而時經久遠古樂漸失其傳斯則依永和聲如見重華盛軌其蘊蓄有深焉者矣然其蘊蓄正未易臆度也後乎斯者夏濩象武亦覺情深而文明而世異中天論樂豈能盡善斯則直溫寬栗如傳揖讓精心其運量有大焉者矣然其運量又莫可尋求也我儀圖之不圖為樂之至於斯也斯豈尚在言思擬議之間哉審音觀象之餘忽而咸若在游翔鳳儀獸舞忽而向榮有草木冀秀桐生由是山川因以平成星雲因以糺縵益地之圖昭華之琯因以貢瑞而呈祥斯何如意象乎天為

動情為移蓋乍接焉而心知其然者深思焉轉莫知所以然也有神為之奪而已矣斯豈非絕無僅有之數哉渺慮凝思之下恍若陳兩階之舞禹拜皋颺恍若揮五絃之琴阜財解愠由是羣后為之德讓庶尹為之允諧耕田之老鑿井之氓為之鼚鼓而軒舞斯何如神靈乎心為遊目為想覺甫聽焉若不出所料者切求焉乃覺非所以料也有言為之忘而已矣吁古帝可作吾將以旦暮期之古帝不作吾猶得以髣髴遇之矣至哉韶乎其竟至於斯乎

澄心渺慮虛與委蛇無一滯相語繞去筆端　首講參用陳杰作

何人也　　何安國

人有可例衛君者賢者借以爲問焉夫均是人耳而夷齊獨以讓國聞是與衛君相反也何人一問子貢殆欲借以爲例歟且人而爲富貴功名中人則其人之爲人固可不問而知爲何等矣乃得位既非所願則富貴中無其人槁餓遂以長終則功名中更無其人士君子讀書稽古使不能得其真品所存將何以知人而論世耶賜何以念及夷齊哉誠以夷齊固以讓國聞也謂主器莫如長子則夷當正位深宮使其念重宗祧此心自可白諸天地夷何獨不忘父命也父命可遵統緒亦可念似難以孝稱其人矣謂立愛

亦屬權宜則齊可嗣封侯服使其確遵遺命此志仍可告諸臣民齊何獨自守天倫也天倫可重社稷豈可輕似難以弟自其人矣賜不敢知曰夷必讓齊必讓夷而後可不愧為人也人事無常故論人者必兼權其時勢賜又不敢知曰夷不讓齊齊不讓夷而果能不愧為人也人倫所在豈觀人者可不察其不原情然賜愈有疑於夷齊之為人矣蓋人既曠觀得失之林不能辨其為得為失則臚其行實不如核其品題且事當斟酌經權之際不能定其宜經宜權則震其聲稱不如按其位置何人也人有前乎夷齊者泰伯竄荊蠻後代猶稱至德夷齊何如乎想當年棄國偕行恐有

一說以表其孤高轉無一說以寬其矯强雖叩馬目為義士亦第就一節而言耳綜厥生平豈夫子別無定論哉人之後乎夷齊者季札讓吳國數世難泯爭端夷齊何若乎想當日潔身孤往當局原出於獨行之見後人反借為口實之資雖采薇爭仰逸民亦第屬形迹之論耳核其行誼非夫子安所折衷哉願天子明以示賜

輕攏慢撚題妙畢宣

何人也

張觀瀾

卽人以證事因以讓國者為問焉夫人若夷齊似無可疑矣然足與衞君互相證也子貢故以何人問歟且從來論世之識在於知人則凡人之有可疑者無不當從而擬議之也況有關家國者哉無如制行之奇後人每不能如前人而前人反不白於後人自非折衷至皆有難破後人之疑而定前人之品者賜乃穆然於夷齊矣論承祧嗣位之常主器莫如長子則齊之讓夷固善守其常經乃何以邑考不年嗣王竟承丕統古公有子季歷獨得岐封是嗣續之際未嘗不可達權也此賜之未解一也論兄終弟及之理商

家已有成規則夷之讓齊亦曲全乎親意乃何以摯有虞舜帝嚳仍循世及之常啟有賢名古猶有嫡庶之辨是名分之間又當在於守正也此賜之未解二也而且家國之患每生於嗣統之初故隱桓相殺釁終兆於鍾巫宣穆相傳亂遂成於宋督君子憂之矣彼夷齊讓國必有謹乎其微者不然將託盛名而賈禍也此賜之未解三也況乎君國之爭每成於天性之薄故齊有五公子遂來宋國之師鄭有四公子終啟傳瑕之貳君子傷之矣彼夷齊讓國殆有諷乎流俗者不然何厚骨肉而薄富貴也此賜之未解四也若其執守節為次之說則言猶在耳父命可尊國有長君天

倫可重潔身高蹈不以一人懷卻顧之心難為弟者亦難為兄矣然胡為棄室而耕後世不多季札之讓置邑而隱達士不羨子臧之高以夷齊例之詎有殊歟此賜之未解五也守宗社為重之文言乎天倫伯也可立言乎父命叔也可留棄國偕行向使國人無中子之立全乎義者似傷乎孝矣然何為不義而去元公尚瀕社甲之變託藥而行夫子尚稱泰伯之德以夷齊較之豈有異乎此賜之未解六也斯人也何人也敢以質之夫子

屬詞比事處處為衛君句立案不徒製局之新

女奚不曰　一節　　呂　寅

聖不異人憤樂終身而已夫聖如夫子幾莫測矣而自明所為則惟憤樂忘老也聖豈異人哉且以天下至常之事而不免訝為至奇者必未嘗於其中之甘苦歷歷窺之也夫未從而窺之即不駭而驚之亦必若矜而秘之是無怪吾之為吾竟以無異於人者終見疑於人也何不使人共析其疑而為吾一明其素也吾今者亦漸老矣女試思吾之生平豈有異乎人之所為者哉女奚難為葉公告哉天下之易視吾者知吾太淺言之固莫罄實亦不意凡席躬親亦於平昔之敏求不一陳其梗概默而息焉幾何不羣而惑

之也如是則吾沒其真天下之重視吾者測吾太深言之或轉多溢量不謂一堂授受亦於芸生之下學不進驗其本古古恝然置之幾何不紛然震之也如是則吾失其實吾茲有望及女吾茲還念夫吾吾初不覺學中之境乃覘我無窮也及其老而回首當年覺時而憤時而樂有分為兩境而又非分為兩境者蓋老焉此情其焉此樂老焉而猶是此為也女何弗之覘也吾亦不解學中之功尤策我難已也從既老而追思往事覺食可忘憂可忘若不知有此而又復不知有彼者蓋忘食至老忘憂至老忘焉仍為之至老也女何未之知也且夫功修祇自喻耳優游垂暮忽欲以寸衷黽

勉邀當代之鑒原於世詎堪共信也顧人知吾憤樂此心此理吾與天下共為之人弗知吾憤樂不怨不尤吾祇以一身自為之四序之周流不息祇此苦甘互引恍與循環一息尚存我其敢墜斯文之寄哉且夫學問無止境耳删定半生未能以當境娉修告成功於曩哲撫衷殊難自慊也顧吾為吾所自為溫故知新吾願以畢生矢之吾為人所共為多識一貫吾尤冀為同堂勉之百年之歲月無多惟此念釋在茲無從寛貸假年有志我不猶是學易之心哉吾之為人如是云爾女奚不為葉公告乎

款款深深神理俱到

君子人與君子人也

王步蟾

有鄭重其人者，特為之反覆論定焉。蓋君子惟有立乎才節之本者，故能以才節見也。即其品而想其人，能不為反覆論定與？且自名臣不出而氣節功名之士羣焉爭附其名，豈知盛名本不易副哉！夫古來成德之人，未嘗不建功名爭氣節，而功名之地見性情焉，氣節之中徵學問焉。閒嘗仰望純修，覺其本末一但揆其品概自循，必論然後嘆名臣之自有真也。可託可寄不可奪，若人果自命為何如人哉？吾嘗思此品以待天下士也久矣。艱鉅屢情所畏，而才能綽裕者轉因艱鉅以顯其才，故烈士徇名，空談幹

濟而投艱遺大其人獨出以從容可矣名世經綸固不必爭能於
尺寸近危疑蒸眾志所驚然節操常堅者若歷危與命堅于節故
勇夫慕義漫語輕生而危急存亡若人獨照其鎮定可知純儒忠
孝原非徒激發於臨時也吾也按其事以求其國已舉生平之
殊勳勁節幾費推詳因其實以定其名直將求伯仲於帝佐之上
與籌位置我儀圖之君子人與君子人也蓋人必有出類超羣之
志而後身府重遠存之則為性命發之則為讜謨盤根錯節之交
非庸庸者所能勝任也若人之抱負殆有過尋常者乎番番良士
我見諸書蹇蹇王臣我懷諸易名賢事迹亘古同欽讀書時早慨

誠是人論世下亦樂得是人也君子有為有守可從若人而一驗
乎哉盖人必有事也濟困之能而後境際艱危外之不負吾君內
之不負吾學勤鼎銘鍾之事非瑣瑣者所得分榮也若人之施為
殆有乎閩望者乎我陳其烈管晏皆卑我擬其忠伊周如見大雅
風流近今難覯列國中不聞有斯人三代上諒或有斯人也下二
立德立功可即若人而一覘梗概矣若是者粹精之涵養早裕乎
時雖當蟠鳳龍潛未展上安下全之略而皐夔其志巢許其蹤有
心人物色莫奪正當從草莽紬論之中指而名之曰此公輔器而
況乎卑越之風流可垂後世自至碑殘碣斷其惜建功立業之隆

而日月爭光冰霜勵操太史之[illegible]未遺獻猶得從簡策流傳之下

推而重之曰此命世英彼云子兮予日望之矣

胸羅經史筆具鑪錘斯題斯文可稱無憾

博我以文　二句　陳世芳

有獨得於文禮者因不忘聖教之善焉蓋文禮者即博約同而領其誘之善者則獨因盡得力於斯而恍然於循循者之為我設也喟然曰斯道曷寄哉散於六合凝於一心其取材富其歸根靜其途徑紆其功候析其示人於有形者顯其引人領悟使身習而不覺者微回蓋苦高堅前後者久而極不忘我夫子矣合天文人文而光輝昭於盛德學術共仰為宗定經禮曲禮而節度協於準繩至教畢歸其範文耶禮耶夫子綜諸一身耳於我乎何與博文約禮耶夫子誨人不倦耳於我乎爲我而獨是古今來此理大同

苟有一人焉先得我心則不言而亦發皇不行而皆律度惟觀矣
之久之覺先得者皆隨在之指畫也而回之於夫子也有參聖門
日教亦多術苟有一人焉因材以篤則所聞皆無言之妙所見極
無體之微嘗受益之深始知因材者不輕假以栽培也惟夫子之
於回也獨摯且夫子無日不在高堅前後中耳胡為乎刪定潛而
道不墜郁郁乎斯文在茲也則文之中有夫子也而夫子之博我
以是即回亦無日不求夫子於高堅前後中耳胡為乎卑高陳亦
矩不踰秩秩乎大禮同節也則禮之中遇夫子也而夫子之約我
又以是溯夫始涉津涯終登道岸觀文禮之次第夫子在焉而博

我於未約約我於已博也夫子以之旋而威儀為定命之符執中為精一之奧思文禮之條貫夫子神焉蓋博我而禮無缺遺約我而文非糟粕也夫子以之則甚矣夫子之誘人何善也夫子之善誘人何循循也然亦必合博約以為功乃漸別於高堅前後之境耳維我夫子回安能一日去諸懷也

神理獨到筆力直湊單微

子曰苗而不秀 二章　曾士玉

合人物以並觀苗與後生一也夫期於苗者何乃不秀不實乎期於後生者何乃四十五十無聞乎子故斷其有而惕以不足畏歟且天下何者不斯其成亦何者得偉而成哉未成而其可成之基當其先奚容薄待可成而蹈無成之實及其窮謙與曲原合之以參觀均不得謂誤於前者尚可償於後也而每質殊難悉精已今夫進而遞積者功也往而不返者時也功不可缺則所以致功者宜專時不可留則所以乘時者宜急日者子嘗類言之矣謂事莫不有其始苗者穀之始後生者人之始天下惟其始大可恃耳

然苗不勉其始則不可恃者乎似於大可恃之中境莫不有其終穀卅之歲苗終人非長以後生終天下惟其終無饑饉耳然果克副其終則慰吾望者即在於無餘望之日乃非猶是苗乎何不秀不實竟有然乎非猶是後生乎何四十五十竟無聞乎夫以苗而望有秋非求諸意外也以後生而言有造亦在意中也孰意迨敗無常盛衰頓異有知斯乎彼蒼之仁愛甚矣哉誕降嘉種即予以長養之資誕育英髦即賦以進修之力假令有此苗者果灌溉之勿忘為後生者果操修之不懈則由蕃滋而穎好由小就而大成徐以俟之可矣不謂頹廢竟至斯也朝華遽萎欲培植而奚由

其耳已多思奮興其及此際之垂成無望從前之觀美亦虛蓋不發不實之際求其為苗而不得矣四十五十之候求其為後生而無從矣居恆之樹立重矣哉謂力田不如逢年特惰農之藉口謂力學無關時數豈修士之課功假令有此苗者果能不耕而穫為後生者果能無為而成則此坐擁夫倉籍彼坐收夫名[illegible]待之可矣其如古今無此事也天不可貸作輟者何來豐稔時原難再因循者空擲居諸當境既失其勤圖旁觀豈輕於寬假而不秀不實之後無復更望其煥新矣四十五十之年我必更期其卒業矣是故不宜有者卒有石以幾案損不宜無者終無斗室徒

徒嗟遲暮。謂為太者非忌也。一游嬉即成覆轍。所謂無者非苛論。一玩愒可鑒前車。此夫子忘也。謂子之論。蓋即所以示後生焉。可為兩章結不解之緣。通體總發。尤見力量。

唐棣之華　一節

呂寅

為言思者歌唐棣若待以室遠謝焉夫華如唐棣豈故以偏反示人哉乃托以言思而謝為室遠詩亦自以為已思耳今夫一往而深者情而已矣情以感物而動故物之偶動者適觸焉益覺纏綿情亦隨境而睽故境之相睽者遙望焉若形扞格豈情因物而上乃真為境所累乎何覽物起興者轉不能不援境自明也如逸詩之歌唐棣是今夫詩有六義託興居多詩存三百言思為要蓋忠臣孝子之歌吟罔非真誠所流露所以陟北山者言采其杞循南陔者言采其蘭此意以立言而寄託遙深約之皆歸於忠厚而

作詩者不自明也即怨婦勞人之謳詠亦多委婉以相將所以釣竹竿者寄慨出游望蒹葭者興伊人莫即本一誠以託興而陳詞悱惻按之悉出以和平在作詩者祇自喻也茲則興歌唐棣而有感於偏反者何哉詩若曰吾覩斯華吾思夫爾矣人當寂處無聊間有儔類往來或亦習焉不察忽覩夫芳華在望輒不禁撫景而興懷至欲結其懽轉增其恨則此際所迫於不能自已者欲問之於物物乃終悄然而無言人當齋居有會舉凡同儕聚散已難恝然相忘矧逢此佳卉迎人愈不覺觸情而增感第欲期其合轉慮其睽則此際之阻於無可如何者雖質之於人人亦且茫然而莫解

何也以所思者爾而所遠者室也借曰不思豈其然乎詩之言如此比益以見其詞之質焉吾詠蒹葭伊人宛在吾歌杕杜君子來游茲竟以爾相稱是宛轉其本懷而仍以坦直示之耳矣立言非無體制在詩人豈不自知乃幾費躊躇一若必以是相親而後覺形迹不拘不至疑我之多疎於爾者特無如爾室之不相親也彼其之子實勞我心有空嗟遠莫致之而已矣此又以見其意之真焉榛苓非渺人念西方苗黍猶存人懷南國茲第以室相謗是歟洽其交誼而特以睽隔辭之耳上用意祇在寸衷在詩人詎難自决乃幾經顧慮一若必因是而隔然後見中心藏寫不得疑我之

有拒於爾者特無如爾室之恐我拒也謂予不信有如皦日有徒慨其人甚遠焉耳矣此詩人之於言思也宜夫子讀之而特辨為未思歟

出入風騷聲情綿邈

唐棣之華　一節

林鶚翀

覽物興思特有慨於室之遠焉夫唐棣之詩固自謂為能思者也乃以室之遠為慨然則思其如此室何哉且人之精神所注雖時移勢阻識者猶將畧迹而原心此心之為用所以大可恃也乃有抱迫欲自致之心而竟阻於不可遽致之迹且即借不可遽致之迹以曲寫其迫欲自致之心當其覩物興懷若深慨於心之終為迹掩者如唐棣之詩是夫唐棣之詩固自謂能思者也乃起興於華之偏反何哉對韶光之明媚雨露何穠未免有情誰能遣此矣然目之所觸者在心之所觸者不在此也則見華如見友能不

撫裳裳之質倍致綢綿靚綽約之丰姿風流欲訴樹猶如此人何以堪矣何心之所注者非此而[illegible]之所注者適有此也則見華不見人得毋對韡韡之芳彌傷契闊載詠其亂[illegible]唐棣之華偏其反而即繼之曰豈不爾思室是遠而詩之言思顧如是哉以為人苟非不相得之輩雖百里一賢千里一聖猶甚欲聚首於一堂況明明其為爾也無如相逢有日未忘車笠之盟一往徒深終苦關河之隔雖當日風瀟雨晦促膝曾快談心而茲[illegible][illegible]方幾難為一枝之贈也爾能無無為華笑乎然而結想亦已勞矣拋苟非無何有之鄉即在山之巔在水之湄自無難出游而命駕況月明為爾

室之無女茹坂依然方欲望東門之踐松舟猶是未免悵淇水之遙雖□此遊旆還轅晨夕仍堪與共而際茲身居異地祇自對獨賞之芳也爾室胡不與華鄰乎然而凝神為已久矣我豈不思鼓黃並坐我豈不思攜手同行而勢有獨難覺我之不免對華而思爾者猶爾之不免對室而思我也夫歌蔓草而思君子詠榛苓而思美人古人情有所鍾亦第因所見而深感慨使以閒關多阻遂謂我思所周不若古人之懇摯焉是固爾之不諒已我豈不思傾蓋遨中我豈不思班荊道左而勢有所限覺我之不能移華以就爾者亦猶爾之不能移室以就我也夫思報德而詠木瓜思求賢

而歌秋杜昔人心有所慕要惟是覽物以致流連使以音問難通
遂使我思所入不及昔人之精切而是又我所不甘已詩言如是
是固自謂能思者也子以為未思讀唐棣者可以悟矣

手揮目送文筆尤雅倩過人

與下大夫言　四句　　劉德淵

以所與言觀聖有因人而異者焉夫下大夫上大夫位判然矣侃侃誾誾子之與言非因人而異乎且人臣事君謀人未有不欲其詢謀僉同也而朝議之紛紜即因之以起顧百爾守夫官聯無敢默者寅恭之志即盈廷商乎國是有必化者卑亢之情大聖人敬爾在公不以唯諾附同儕不以激昂加長吏於此見進言之際大有權衡焉則曷觀夫子於朝乎夫子仕於定公之時雖攝相三月而未命為卿固下大夫也魯自宣秉四代而小司徒小司馬小司寇並副三卿以下皆僚寀以趨蹌當茲象笏方盈必自矣和

衷共濟之心而辭無激烈魯自致出多門而孟孫氏叔孫氏無與

季孫氏共持國柄以丁附班聯下進退際此寵光未覲當愈

色立朝之素而語而剛方然而有不盡然者又其與下大夫言

乎慨自相恐成風為下大夫者類皆苟悅取容之輩使復隨聲附

和則同官觀望誰樹謨猷子惟惓惓以陳隱維獨斷之乾綱即力

振優柔之積習其言何切而當也蓋侃侃如也不觀其與上大夫

言乎慨自私門專政為上大夫者無非驕矜怙侈之徒使必任意

直陳求忌諱顯干易開釁隙子惟從容以道不逞一時之意氣實

默寓匡救之深心其言何和而諍也蓋誾誾如也朝綱之壞也因

於詭隨者亦半□因於矯激者亦半上交下交此中見經濟焉夫子蘊蓄閎□斟酌悉歸盡善而剛氣不怒柔氣不懾胥可於與言時徵之觀於正卯是誅方嚴足畏三都可墮和順相□作非本侃侃誾誾之心實而見諸行事乎不然同寅協恭子亦與人無異矣何獨於晉接之時必加區別哉朝政之紛也悞於徇人者半悞於恃己者亦半勿諂勿瀆此中關學問焉夫子積誠而動流露悉出無心其羣而不黨矜而不爭適若於與言時窺之□□須頎用□遂北費以三家不違終消藏□何非感□侃侃誾誾之意因而有以□乎不然事君盡禮子亦可告無憾矣何更於建白之際獨費周旋

哉。進言君在。而聖人之容又可見矣。

箋：詩暢達不蔓不枝

席不正不坐　二章　王一士

聖有□於微者焉席與居鄉可見矣夫坐而有席物之微者也人而同鄉人之微者也為坐為出為立子何不敢忽於微與且敬心之於其閒者有所忽乎忽於起居之際即處已多輕忽於閭里之閒斯接物多玩非細故也惟聖人不忽其所易忽而事不過布堂設室雖小物亦凜端方時不必承祭見賓即小節仍深謹飭几筵常肅桑梓必恭蓋無在非慎微之意焉不然則居處何以身修儕輩周旋何關德性論至於席觀人於鄉亦微甚耳夫子獨於此與於此何哉況不等重熏重底敷設事官鼓瑟鼓簧見逢君子而從

於燕居之日容膝為安則物以小而或遺即位置偶乖詎必轉移之是亟復不同盻齒引年老更有茆䬙言拜手對越修嚴而從歸里之餘無心相遇則地以親而易狎覺應酬僞以詎必肅恪以相將然吾嘗徵諸踐履而知子之無或參差焉能正己乃能正人獨坐亦常自覺氣圍不過能正身乃能正物危坐雖暫自徵矩矱不畛從容几席之中有必正而心始愜不正而心已不愜者其雖微不苟有然又嘗驗諸居鄉而知子之無或縱肆飲食不必為燕為饗隨杖者不啻待命於老人儺不論為春為秋立在阼階且必修儀於廟服進退鄉閭之內有敬心而念始安每而念即不

六箸十□鋪筵不慎有然必稽五席之名而始尊制度以奉六鄉之數□人錫感儀此常人矯飾之為聖人無是事也方寸本無邪曲整齊者一發端乃見於座隅中懷早絕戲渝莊作矣致怡自形於階左即一席一飲一觴以為例而凡動容悉中者皆可類推耳所以耿介自持豈慕席珍之聘所隨不屑深惡鄉愿之流必待求賢側席而始厲端方必思王道觀鄉而始敦禮節此下士矜持之見聖人無是心也宅躬既少偏私斯奉異矯□□向□入也已無勝略斯情罔郤雖精誠無閒乎幽明即或以參觀而凡時措皆正者由此馴致耳所以轍環列國不求煖席

之安。俗美島平。用變互鄉之習。黽之慎微。蓋如此。

佈訢幟骨肉停勻。末一比立論尤能包掃一切。

林藜光語

朋友之饋　一節　　邑澂

觀往人之受饋而所重者可知矣夫車馬之饋非不重也然非祭肉比矣子之不拜也固宜且禮緣義起義在所輕禮不容獨重□義在所重者禮不可或輕豈投贈均屬尋常衰於義不無異致即報施必分隆殺準以禮各有□宜義得其安亦禮求其稱有以非常厚貺而視之不遇常儀者斯一報禮間而精義之心見矣說在夫子於朋友之饋古者豈尚往來故承筐是將每□□□皃况多儀門□不僅□繫乘矢為饋問之文則惠□□無以先施亦能不敢忘隆義於草莽古者德務施報故雜佩以□必

酬雅意於瓊瑤況區意有加不獨報李投桃易為揣倖之寵盛
儀羅知作無不罄情以答不暇持己意為寵衡北饋所
以無不拜也豈知以祭肉軟之哉然而有不可不辨者又其未以
而來謂是練祥之鼎俎也憶聞優見子游如對其先人焉非然者
執綏之儀雖無異操匕之節但以為口體之奉已耳抑使備物以
獻請是時祭之膳修也春露秋霜子殆如襄其祀事焉非然者執
鞠而前雖無殊操醬以待祇謂為有無之通而已之不拜宜焉
固其宜也然以言不拜之義則又不止此蓋人必不忘乎貨財而
後以人之財為足重吾子束帛以贈程子脫驂以賻信人平日

暨童綈二人方欲以相郵相賜體天地無私之意豈獨逐其數顧以之心乎矧禮重得宜準以義各有所當不拜車馬之饋而後交遊意氣非因勢利而始親且使物有當重不徒以其重者混之也此厚薄所以俱宜也哉又必自敬其祖考而後以人之祖考為不輕吾子將事渠如在之誠頒胙罔不出之戒夙昔情深愛敬方欲以推恩錫類大萬物一本之仁豈偶荷隆施顧舍而他屬乎矧禮宜相揖酌以義非可濫施惟拜祭肉之饋而後儕輩然而始重而勿可輕自不以不輕者概之也此悉稱也夫而祭肉可知雖車馬不拜凡如車馬知

矣。子云、重義輕財如此。

又惰[illegible]人度、女許入、後說出拜不拜改、有閒樊

題

朋友之饋　一節

林扳修

重士者不重物於所不拜見之焉夫朋友之饋車馬爲已重矣然非祭肉比也子之不拜有以哉且從來饋遺之際固不可一概論也况以義之所宜較諸禮之所繫此中孰輕孰重尤有不容不辨者盡不充乎其類别乎其物而論聖人之所以處此耶不然朋友之交致敬盡禮固已爲當世尚投贈之風徒以通財爲盛節遂有輕其所重重其所輕者曾是夫子顧如是漫無權衡也

芊既稱　豈無厚貺之頒潤跋涉之艱草而雅

爲贈上　乘子所以歎爲近古也久已托爲神交詎少

之意矣

拜獻而用情獨厚一鬻特供此三日不出⋯

重大⋯乃世貢馬祭肉友固均之饋耳然在予則以

儕之深契言之相貺在性天外物皆非所尚故車笠⋯乃⋯

信之薄夫何論飲我食我僅以形日勿補餒之餘亦以贈答之恒

經論之相敎在禮意薄物亦足明虔故福膳是致悅若靈爽之憑

誼符同戠驟載驂祇以與共轡徒行之憾何也饋者車馬所饋之

物雖重而所以饋之意則輕也於是而拜之是重其馬非重友矣

獨下忠友固嘗有事宗廟而拜使於阼階者之爲祭肉乎若車馬

則非祭肉⋯雖以是饋子蓋不拜云蓋在致饋之時大⋯不以車

[illegible]爲重而上同於祭肉可知也雖曰有車鄰鄰有馬白顛亦祇免
徒步之勞非有載祖考之精神以俱至者即受之而不拜焉可抑
在受饋之際子亦第以車馬爲輕特難等於祭肉可想耳雖曰大
車檻檻馬鳴蕭蕭亦僅見交情之厚非有挾馨香之俎豆以相將
者如再拜而受之奚可觀於子之不拜車馬且然況其餘乎至於
祭肉之必拜復奚疑焉

神清骨秀不必以塗澤爲工

不親指　　王步瀛

以指觀聖於車中不親而手容恭矣夫親指之失容較內顧疾言尤甚也子於車中不然其斯為手容之恭乎禮有之曰不妄指夫指而曰妄此第可以擬常人不可以擬聖人也聖人者動本至誠何有於妄亦對曾中禮必出以恭即當景物在前有第援意僕夫而未嘗輕於舉袂者斯乎容欽肅較之禮訓而更嚴矣于在車中豈特不內顧不疾言已哉乎視而轂雋不過目容已正　顧過目不暇致詳則形似難明或假手以傳其意此固恆情所共有即聖　不為肱之變化詞而徒御不驚口容更見其靜　然

矣口未逢猝發則昭宣無自或藉手以示其方此又常情所同然
在聖人豈絕不為譬之使乃觀夫子則又以不覩指闡也今夫指
之為用有地有人有物有事人情於素所已經之地山川風土人
切懷思一旦憑軾而觀忽逢其故方且指其都某邑為從遊者示
此地之蹤夫子道長半生無地不深閱歷矣何嘗隨地而覩為指
畫鄉人情於中有所屬之人熙攘往來骨煩動念一旦接觸而過
忽遇其新方且指厥貌厥形為同乘者表伊人之概夫子轍環列
國無人不與周旋矣何嘗因人而覩為指揮歟而且物有正亦有
奇正者不至動心奇者或煩指示則因目所未覩而手為之揚者

有之子則格物既深極物類之怪奇皆可衷諸至理何至惑於所
見親指瑰奇之狀期索解於同儕而且事有常亦有變常者無煩
致意變者或待指陳則因口所欲宣而手為之動者有之子則觀
事既審舉事情之番變皆能斷以常經何至急於共明親指紛擾
之端待研幾於吾黨蓋親指則身隨手轉或闢内顧之由惟重以
待之斷舉動不輕無與執圭平衡之象抑親指則聲並手傳易啟
疾言之漸惟靜以鎮之斯端凝不動愈傳頁版憑式之
丁於卑
中手容之恭又如此

詞意穩愜剴局亦新

玉屏課藝

下卷

然則師

王希維

所獨注者聞言而恍得其人焉夫師之為師子已明言之矣而賜以為適符其意中之師也能勿為之恍然乎意謂人即有生平所注意之人苟未經函丈品題亦不過徒懸諸心目耳乃同堂評隲不嘗舉意中之人為之顯揭焉為之隱會焉是未得所印證而其人無不可知者既得所印證而其人尤難恝置已師過商不及子論師而復及商特以賜之所問固不僅在師耳顧賜思之向以為子之視師或有不滿乎師之處是殷然致問者誠恐賜之所以知師終不若子之所以知師也今不謂子之論師固已適肖乎師

之真是一言而喻者轉覺子之所以知師直無異賜之所以知師也無他以師為過子之論師固有然也賜乃因商之不及而更不忘於師矣蓋使過而非在師則賜可相忘於商即可相忘於師夫予乃明明以過許師也而謂賜顧能相忘於師抑使不及而非在商則賜難漠視乎商何必重念夫師夫子又明明以不及謂商也而謂賜能不重念夫師且使商過而師不及賜且將以視師者視商而無如詣有難誣也能勿即商之不及而穆然於師之為師又使師過而商亦過賜何妨以視商者視師而無如品各有真也能不由商之不及而恍然於師之為師人苟素所不習非詳為品藻

無由遽釋其疑若賜之於師則共學有年者也向第恐一人之私見未免輕許夫師耳信如子言是夫子意中之師猶是賜意中之師矣豈猶復躊躇於師人苟中無先見雖般為告語亦難有會於心若賜之於師又相知已久者也向猶謂同堂之學業未必遽推夫師耳信如子言是賜意中之師適合夫子意中之師也又何必推究夫師然則師固甚幸有子也非有子則賜雖夙慕乎師夙仰乎師復何敢遽究乎師然則師又甚賴有賜也非有賜則任其獨成為師獨見為師又誰知讓美於師然則師愈與

倒聽楓葉背指菊花題妙曲宣辦才無碍

季子然問仲由　二節　　方兆福

問大臣者有異志特即所問抑之焉夫以大臣屬之由求無論其可不可要非子然所當問也子以為無足異非即以抑之乎且以吾黨從政才不幸而屈身私室已不免為聖人所輕視矣而在竊柄自專者乃因其籠絡羣才遂欲覬覦神器聖人憂焉既不能阻及門以小試又不忍任世族之生心因即彼所挾以為資者重為抑之而扶公室抑強宗已於一答問間見之矣魯有季氏猶泰山代顓臾其不安臣分即楚商臣之類也即齊陳恒之徒也賢如由求尚隱忍而不能救臣子心異之久矣子然何人豈不知私家不

得有大臣仕私家者之不得為大臣乃儼然以大臣問意者其季氏使之問乎夫子聞之用瞿然也自賢豪不進於公朝而貴族多才遂藉為收拾人心之計外雖引為陪貳俾展殊猷內實寄以腹心冀酬大志設與為附和則私門延攬適以釀家國之隱憂自爵賞顯操於當路而奇才見用亦願効生平知己之恩始第任其馳驅私期圖報終且歸其牽掣無補顛危設不為防閑則閭里英才適以啓權奸之覬伺夫子於此將欲異言以沮其謀彼必不悟也將欲法言以誅其隱彼必不服也特折之曰吾以子為異之問曾由與求之問輕由求實抑子然耳抑子然實誅季氏耳不然賢

如吾黨酬知言忘早無慚三代之英正色立朝原不愧名臣之度

子何爲藐而小之哉蓋聖人杜漸防微之意爲已周云

歸罪季氏如老吏斷獄案無遁情中幅亦饒有議論

饉

李捷元

繼饑言饉而國益無可恃矣夫苟不饉則雖饑尚有可恃也何師旅相加之即乃又因之以饉哉詩有之曰我有旨蓄亦以御冬謂夫卒歲之資五菜無殊於五穀也顧嘉蔬足當嘉種救死尚屬有資而荒野更接荒畦衛生更為無術則勿謂民之務蓄菜也五穀不登之年即五菜亦何可蓄耶師旅之後既因以饑矣然使僅為饑則所以救饑者雖難謀之老農猶得謀之老圃也倉箱告罄之餘荼之苦薺之甘尚堪果腹抑使僅有饑則所以療饑者即難求乎香稻猶得求乎香蔬也畎畝就荒以後公在田萬在野亦足充

西而孰意又以饉見哉饉之與饑相因者其故有二治圍屬桑麻之餘事亦必視乎晴雨之宜至於荒歉為災則水旱頻仍其害藉及於野圃禾苗就槁安望蓼莪叢生乎則有饑必饉者實相因之理也灌園分漑穡之一端仍必除其摧殘之蠹當此凶荒見告則蝗螟為虐其毒兼煽於郊園禾麥書無安在瓜壺獨詠乎則以饑見饉者又相因之勢也逢荒縱能忍餓已難責食蕨采薇之衆園圃而盡無二心况菜畝藉見荒蕪何以起百姓於瀕危歌七月而念葵烹之句藜藿僅可救荒已難驅含辛茹苦之民背城而使之一戰乎吾恐前傷零落能勿觸四郊之多壘詠三星而深苦

周之夢想風般如謂用我無人始以與點者云　右烟霞之意子不必有是心惟是夏葛冬裘隨在可作春服觀乎行狂狷隨人可作童冠觀山梁川上隨處可作風浴詠歸觀天下無濟不可安指目前之某水某山足徵因時而應之妙唐虞三代之隆當前取之即是也哲其將相喻無言哉大道之施行莫卜必謂用世念切故以與點者寄纏綿感慨之思子亦不作是想惟是體造化以為心而莫春適足以觸之統老少以為志而童冠適足以偕之淡富貴以為㲄而風浴詠歸適足以陋之天下之人不可與即儕輩一二

慈協相時而動之神

素隨遇安之可也晳其

印證此旨之文。而同於夫子也。大

以時字作骨。議論圓適。氣象俊偉。中二小比尤警湛。

點爾何如　一節　　歐陽蓂

言志者因乎時聖心所深契也夫莫春之樂點因乎時耳其志與三子異而實與夫子同也子故嘆而與之且時行則行時止則止者聖人也後時而始著猷為道原未裕先時而預籌經濟迹亦未融吾黨學於聖人求其不泥乎時不離乎時而能隨時自見以隱合乎與時偕行之趣者蓋幾幾乎不可得茲乃得之於曾晳四子侍坐晳獨鼓瑟子雖心異之猶未深知其志也乃以點爾何如問以曾晳天機洋溢何嘗即因時制宜之妙迹與相符而心曠神怡亦於安絃操縵之餘別著襟懷之磊落了曾晳器量恢宏乃若舉

生之機悠然共適而與來情往於託物寫懷之際益微
意致之從容則見其方承子問氣象已不侔矣瑟之方希鏗然者
有餘韻也舍焉而作翛然者無滯機也對以異撰灑然者皆真趣
也其容止之得乎時者如斯則見其自言所志胸次抑又殊矣莫
春春服因乎天可適性也冠者童子同乎人可寄懷也風浴詠歸
隨乎地可玩物也其衷懷之適乎時者又如斯所言也斯人也窮
無所損達無所加曠懷在虞夏黃農即揆諸大造時出之功已悠
然而有會前無所迎後無所待靜觀在天地萬物即返諸聖人時
中之詣且隱焉而相關夫子於此所為喟然而嘆嘆而與之歟東

附之憂訛亦孰取於爲之者。然苟有用我。則三年報最。由也竊有志焉。

修詞典雅。考卷正宗。

回雖不敏請事斯語矣

王步蟾

大賢以克復自任言謙而志決矣夫曰不敏謙辭也曰請事決辭也回於克復之語不已任之無疑哉意謂今而知去私存理之功寛之無可寛諉之無可諉也理與私不並立寛以姑待則非幾誰絕其萌私與理本相妨諉為難能則戰勝誰操其劵有不容寛之責即有不敢諉之心尊所聞以行所知蓋識力雖若未優功修不妨自任巳視聽言動戒其非禮克在斯復即在斯也回何幸得聞斯語哉危微之界祇判幾希析之未精將更蔽日深有真知其[illegible]聞斯語行顏為揭之存遏之[illegible]行之不決將外[illegible]

□與狷焉者斯吾己力為□ 則□禮而見為非者非至

明孰能與於斯見為非而戒以勿旨非至健孰能與於斯回欲從事得無慮其不敢乎回於此竊自審矣仁必配智而心始精否則失之昧回縱未能遽期於明而存此不欲自欺之念以內省隱微庶幾剖析漸精不至失之於昧也亦矢以小心焉已矣仁必兼勇而力始決否則失之柔回雖不敢遽信為健而矢此不敢自恕之情以時妨物欲庶幾根株漸拔不至失之於柔也亦策以大力焉已矣且夫天下歸仁之效回固未敢驟期耳功修之積累無多而欲以心理大同冀收明驗回之望豈若是奢惟竊切去私方不

識私之何以去一聆至訓乃知耳目口體凡有禮之類皆不可頃刻留則遵斯語以制外養中毋曰委靡戒之亦需毋曰因循決之以夬何妨姑懸後效以待理純欲淨之時哉且夫為仁由己之言回又不敢不勉耳懿美本盡人同具而顧以昏庸自限坐廢精勤回之志豈若是餒又況心體存理正不知理之何以存一受師傳始覺闢凡云為凡屬非禮之端總不可纖微匿則循斯語以閑邪窒慾如防川焉毋使其潰如去蔓焉毋使其滋不可常佩箴言以為心體力行之準哉回雖不敏請事斯語矣

原批去純粹然無瑕

回雖不敏請事斯語矣　陳旭

仁而任之以己克復之機決矣蓋回固欲有事於克復特未得其目耳聞斯語而請事非以仁為己任乎若曰今而知為仁之誠由己也仁之任至重苟非至明且健者不易於負為亦仁之任難寬即非至明且健者亦不容於自諉則甚矣知以察幾勇以致決回幾不敢為己信也則甚矣始於致知終於力行回尤不敢不為己勉也視聽言動指以非而嚴以勿是克由於己克之目具在於斯即復由於己復之目不外如斯以回幸矣而聞斯語矣試形[illegible]

姑存己斯有仁乃自非禮

危微紛然莫辨[illegible]之衷

□致為□□□斯語之確旨　以純粹明辨之功而責

無旁貸行習云為之間有仁即有己當弗非禮冒貢而官骸弗居

頑然不靈己之失仁實先失也而斯語之嚴以相課者又統乎制

外養中之要而課諸當躬回幸矣回聞斯語回不能以不敏謝矣

明亦知己之中於非禮者甚微非至明者不能審其所忽即回之

天資自按則有未敢以明自任而又不敢以不明自安者況斯語

之昭然相示固已從邪正互乘之下直揭之曰非也則服膺可勿

失矣非不知己之即於非禮者甚便非至健者不免任其偶留以

回之材力自維則有未敢以健自居而必不顧不健自示者況

斯語之殷然相期早已於天人交戰之餘直決已勿也則欲罷
而不能矣請事斯語矣則信乎斯語之於回無可謝之責焉假令
回能盡去其耳目口體之官使無所視聽無所言動斯非禮無從
入而相誘於斯語猶可寬耳而如其不能也即無由一息去其視
聽言動回即有不容一息懈於斯語者蓋不事焉而知之不免復
行即有事焉而去之猶恐未盡也仁無旁諉之功斯語之所指者
切矣敢不引為專責哉則信乎回之於斯語無可竟之功焉假令
回第強制其物欲嗜好之至使視聽皆禮言動皆禮而非禮叢
夕與語食無負耳
也回無由以一人勉其

新

……谷一念違予……持之而所事猶恐有虧

必馴致之而所害始能有濟也仁然息肩之地斯語之所望者宏

矣能不永以終身哉夫子以為何如

跟定由己句恰是顏氏子直任無疑口氣文亦卓犖光明　提

比參用蘇受祿作

從義　曾士二

善存誠之用義又在所宜從矣夫義本於忠信而又以行乎忠信也於焉從之所主不愈實乎且天下之理無窮其於心見其可據者即其於心見其可權者也蓋理之所在而心赴焉無時不策以全冲即心之所赴而理在焉無往不獲其至當理日積而日新心亦愈用而愈出是其始但求能守也而其後且覺能還矣忠信為主本不已立哉然猶恐其拘於墟也學問之途不進則退吾縱以忠信固其內而由內達外者即無虛憍之疾難保無窒疑之端

權[illegible]恐其偏所尚[illegible]也不用則隳吾第[illegible]忠言

□其□□□□□達□者即無□□□□□□□□□不必有權宜之變則裁制宜精也言有義之非從焉不為功以遷就為從義豈容冒託以涉移為從義豈有二三從之云者非以義為名而巧與之附乃以義為用而時與之宜也若僅云故轍可遵猶未見入神之妙矣可一日不可百年義之從猶暫可處常不可處變義之從易窮從之云者非襲義之迹而偶為據依實擷義之精而默與訢合也若第云得一已足仍非極通變之方矣是故以不從為從義之常然者聖賢祇遵軌範以屢從為從義之無定者日用在所推移不從之從義之所以貞也屢從之從義之所以辨也不從□之遑皇皇若見

怯怯即奮其勇已徙後之暇豫力似見盈盈復乃歉未作之義
義之既我無窮也已徙之義義之引人入勝也且也太過非義不
及非義抑其太過徙有取諸損勉其不及徙有取諸益損益相循
環而由義之功以至義貴勿忘義貴勿助戒乎遺忘徙必全乎天
戒其助長徙必盡乎人天人相往復而集義之用以神要之精義
恃乎學愈徙則學愈深義之精也無止境配義視夫氣愈徙則氣
愈奮義之配也皆慊心此所以行乎忠信者也崇德之事如此

清空一氣妙義環生一切公共家言擺脫殆盡

樊遲從遊　一節　　何　龍

因遊而問，遊亦學矣。夫舞雩之下，非爲學地也，遲以崇德修慝辨惑問，從遊非即從學哉？且吾黨學聖人之學，亦遊聖人之遊，而或則學不忘遊焉，或則遊不忘學焉。學不忘遊者，學之時即遊之時，或沂水春風，想像在弦歌之下，如言志之曾點是。遊不忘學者，遊所在即學所在，故美增回釋，請業在憑眺之餘，如從遊之樊遲是。遲之在聖門也，問稼問圃，業近於卑；問知問仁，心多未達。學且不暇，何暇遊乎？然非所論於舞雩之從遊。蓋聖人時行物生，隨在皆昭宣之；鳶飛魚躍，至人以之觀化，學人即以之視躬。抑吾儒

澡心浴

非方境之賞古勝地不遜逸士因而寄懷脩士即因而見性有如舞雩之下壇宇巍峩一崇德象也樹林疎遠一修懸象也土地平曠豁然開朗一辨惑象也遲而未遊猶且有崇焉修焉辨焉之心遲而既遊恍若值崇焉修焉辨焉之境於是不因問而遊者轉若因問而遊於是不因遊而問者又若因遊而問迂儒畢生寂處詩書皆陳迹之拘經師講幄宏開几席亦梏人之具學豈如是泥哉遲則暢其情於騁懷游目之餘名山大川在在靜觀而有得遂恍然於道心之宜葆私心之宜淨昧心之宜去特於一問會其全是其遊也不問而亦遊其問也即[illegible]亦問不為其

泥而為其通也賞奇之地藉以析疑遲亦無滯 境焉耳矣畸人脫略相高山水為放懷之寄達士形骸是放林泉皆縱欲之緣學豈如是肆哉遲則凝其神於俯察仰觀之際蟲魚草木一一觸目而驚心乃憬然於真念之未積妄念之未泯妄念之未捐特於一問探其奥是其遊也若為問而來其問也愈因遊而切不惟其肆而惟其歛也陶情之區兼資淑性遲惟自檢其心而已矣此子所以善其問也遲真不虛此遊哉

神清筆健局緊機圓

必也衛君章

何廷佼

有當為衛必者聖人之所先也夫夫子於衛政固難必其可為也然以言所先不明明有當必者在乎且挾遲疑之見者固難與圖終而存鹵莽之意者又難與處始處今日所謂國是亦幾幾乎無可必之數矣抑知多謀寡斷自失機宜作意矜心亦非治體吾儒謀人家國明明有不容激又不容隨者夫固宜早為決計也已子以為政奚先問夫吾於衛政顧可必其為乎吾不獲與聞政事則當此人心泯滅自無從力為挽回若其與國相從將宜革宜因耶有無容姑待之此固勢所必然也吾不能躬握政權則觀此天理

淪亡斷不敢私參末議如去傾心以聽斯大綱大目自有不敢或淆者此亦情所必爾也則試為揆夫心之所安若有幾經反覆幾費躊躇而覺其隱相維繫者能勿穆然而有思則試為審夫理之至當實有無俟推詳無煩籌度而見為顯與維持者豈非確乎其不易我儀圖之不有所當必者在乎所不可必者富數之謀向所緩為議加今或急於速效耳第念朝野之待謀孔亟下之所望尚可次第以圖上之所操不可從容以俟是蓋有必為提挈者衛政而可為也吾將以所必示諸人衛政不可為也吾亦以所必質諸已矣更不可必者俎豆之陳向第挽以微詞今必視為急務耳第

念臣民之議論方騰盈朝附和猶爲未定之經常口播揚幾爲已
成之勢此固有必當斷決者衛君而或悟其非也吾所必者可共
白衛君而莫知其失也吾所必者亦自存矣必曲爲解免之說已
近於詭隨必工爲緣飾之辭亦隣於廻護若吾之所必則非姑事
權宜也蓋深知夫經世有殊猷以立朝章必懸標準以崇國體必
樹紀綱古大臣得位行權豈能別矜幹濟也者吾能勿預度而皇
然斷必堅乎自是之心或疑其矯激必守夫偏私之見又恐其乖
違若吾之所必則非獨開創論也蓋實見夫匡君有大節以之間
國矩矱必端以之承家規模必立伊古[illegible]來凝丞保傅豈能別抒

經綸也者吾以爲舉念而決然無名之所在必也其正之乎

仰承俯注妙不著迹

故君子名之　一節

許萬里

名可言即可行，君子皆出以不茍焉。蓋名者政之本，即言與行所從出也。為政之君子，所為要其可而戒其茍歟。且儒者與人家國，凡所為布諸詞令、見諸設施者，甚不可以容忍依違之說處之也。夫容忍依違之說，庸人出之不疑，君子於此則有獨求夫天理人心之安，以決其必然而不敢稍涉遷就者，夫亦見乎其大而憂乎其遠也。名不正之弊歷歷如此，此何故哉？亦茍之一念致之耳。知之者惟君子。君子知地義天經之重，責備自在當躬，欲為天下範，其趨宜先於一人辨其分，所以稱孝子可對皇天，稱仁人可饗上帝文誥頒而四達不悖名必有以告天下而無慚君子知君臣父子之經古今同此彝教欲為後世防其弊要先於當代端其型所以近之可示臣庶遠之可示子孫典章奉而百代咸遵名必有以質後世而不惑何也君子無所名則已名之則必求其正以預為言之地而後可也君子無所言則已言之則必求其順以預為行之地而後可也名定於言之先行即見於言之後言即言其所名行即行其所言耳君子於其言顧有茍焉者哉國祚值艱難之會莫患於倡言濟變轉觸亂階君子於言則有變而不失其常者蓋實見夫子而拒父譜牒無以重宗祧孫而禰祖然廟無以嚴昭穆

名不可居而曲為解之言既難以伸大義名不可居而姑為諱之言更無以喻羣黎耳惟是名由言定行自言基而言人所不敢言者並言人所不能言故極之震撼危疑而正直不阿迥非偽詐變通者所得託也亦以無所苟者期可訓乎中外而已矣人心當疑貳之秋莫患於謬託權宜致隳大計君子於言則有權而不離乎經者又誠見夫狥利遺親不孝之誅無可逭助逆叛順黨惡之罪有必嚴名不可稱而強為誣之言之失在一日名不可稱而相為和之言之弊且留數世耳惟是言以稱名行以實言而言為一己之私言者即言為天下之公言故當夫流離顛沛而光明共見不

以成敗利鈍易其心也亦以無所茍者求各盡其倫常而已矣道云乎哉

渾灝流轉氣盛言宜

善人為邦百年

曾國華

古人思治之深、若重有望於善人焉、夫善人不必皆為邦、為邦不必皆百年也。以此為望古人之思治抑何深歟、從來治道有三。曰德曰位曰時。德者出治之原、位者宰治之柄、時者施治之期也。有其位無其德、治本奚端、有其德無其位、治權孰授、有其德有其位而或歷時未久、治法又何以繼繼而繩繩、古之傷心人所為別有懷抱爾、想其俯仰古今、盱衡朝野、見夫世變愈大、藉手愈難、倘非文武聖神、有莫寄以覺世牖民之責者、何轉念焉、若以為所願太奢也、抑且心傷當代、目擊流風、慨夫民困愈深、望治愈迫、就使屬精圖治有難俟諸積年累世之遥者何降心焉又以為所望太急也則第擬其德曰善人天資敦厚不開涼薄之端此固兩間之元氣所藉以綿延者也則且尊其位曰為邦肇造猶新獨守靈承之緒此即億兆之生靈所環以待命者也則又寬其時曰百年統緒相承並獲神明之壽此實祖宗之功德所積而彌光者也大抵刻薄之念積於隱微戾氣所鍾安得食孝子慈孫之報善人則能以祥和造福者也善創者既培後人之脈而補偏救弊有歷年善繼者無過前人之光而休養生息有歷年太和之洋溢無窮善政入民不直與社稷靈長以俱永哉從來才智之資易傷忠厚本原既

薄何藉為貽謀燕翼之基善人則能以寬大濟美者也善始者儲其澤以昭來許仁之育凡幾年善終者繼厥志而示紹庭義之正凡幾年恩膏之淪浹已深善教得民不且與故國河山而俱壽哉殘殺勝去庶乎可矣古人之言實獲我心哉

局度雍容精神團結　首講叅用王步蟾作後比叅用洪楨士作

子曰近者悅遠者來

胡承烈

以政告楚大夫紓楚禍也夫楚惟不知悅近以來遠而列國之禍始亟子故因葉公問政而告之且自楚盡漢陽而兵爭日甚隸版圖者困征役復困輸將甘服屬者聞畏威不聞懷德於是近則怨讟頻興遠則叛服靡定一二柄政之臣方且不恤近憂務勤遠畧而撫柔之術愈缺而薦食之欲愈張夫子憂之因與葉公言政而顯示以招懷之捷效即陰戢其兼并之陰謀不然尊周攘夷春秋之旨也邇安遠至帝王之規也以春秋之楚而望以帝王之事豈聖人意哉乃告葉公曰近者悅遠者來則曷以政蓋莊共圖霸以

前荆尸久雄於南服用令典則訓國有方轂京觀則止戈為念尚武功而亦昭文德故入陳入鄭猶能以存亡繼絕聲大義於諸華迨康靈繼世而後齊盟狎主於中原乾谿田則戈操同室章華築則心貳鄰邦忘國恤而求逞諸侯至求鼎求田乃不勝好大喜功期并吞乎六合夫子於此將謂息民固圉鄙陋自安不當以壤并數圻者干大典而取戾吾恐莊言不入葉公必笑為迂圖抑謂偃武脩文邦交可固更宜以天不假易耆訓令德而明民吾恐陳義甚高葉公亦難於領信此子所為以近悅遠來告也蓋一則因勢利導陽策其建樹之功一則默奪潛移陰馴其駑驁之氣今夫楚

之勞民以逞非一朝矣王夷師熸失貴皇之心而鄢陵之軍斂乘車教戰肆巫臣之毒而勾吳之寇深近者久開攜貳之端遠者徒費經營之力孰非葉公所欲匡救乎迎其機以啟之俾知能邇柔遠無難戰勝朝廷而鄢郢務為綏靖之謀魯衛勿發徵朝之使於以識開疆拓土之非遠謀也以禦王事庶無愧桃弧棘矢之舊勳哉且夫楚之奔命屢疲亦幾殆矣始以輕敵咎嬰齊而組甲被練之咸替繼以不仁憾囊瓦而驌驦裘佩之怨滋近者既乏愛戴之忱遠者並少縶維之術何非葉公所為深憂乎因其懼以誘之使知後勁中權不足輯柔內外而藝菅未容招之紅熹裘甲不可習

為詐諼於以見和衆睦鄰之有至計也式昭德音得毋悔爭鄭𫁅陳之失策哉此夫子意也若謂望楚之進於王豈所願哉

按時勢以立言筆亦縱橫自喜

樊遲問仁　士矣

曾廷芬

為仁者必純其心而為士者在純其品焉夫恭敬與忠不棄則仁心之純也若以言乎士則有恥不辱不又為品之純乎嘗思求仁惟在存心為士必先立品顧心易間也捐驕念絕欺念必永焉以懲倦念之萌品難全也持大節具大才斯卓焉而見大成之詣內外交養亦為守兼優夫是以其心粹其品完其為仁不離於須臾其為士亦獨高於天下蓋學者將欲側身儒雅成至高至美之材必先自盡操修求至精至密之理則仁其最要矣獨不觀子之告樊遲乎儒者息養瞬存豈於身世人已之交[illegible][illegible]有懈然密於靜

不密於動心放而馳去仁已遠矣貞於常不貞於變心縱卽逝求仁多踈矣古之為仁者專其心以益純一之修無敢肆亦無敢妄故居處執事與人在在出以慤誠養其心以求不遠之復不怨巳亦不欺人故恭敬與忠念念矢諸幽隱而又非有時而離有時而今也精神之默運常周雖極之患難困窮而心旣無或間之時者卽理亦無不存之候素夷狄行乎夷狄心何如其純歟雖仁道至大精微不易驟幾然能密持吾心使隨地隨時不敢懈自能馴致吾仁使漸精漸熟無或違遲而有志為仁也可不求乎心之純哉然仁有全功存心不容或間而士有全量核品必在兼優且不

觀子之告子貢乎儒者抗賢希聖豈其於家修廷獻之地卑鄙貽譏然對大廷難對幽獨爾室自欺士之體不立矣見節操不見大猷簡書難任士之用不彰矣古之為士者匡居之中有經濟欲觀人必先觀我故於行已勵之而當躬之措理常嚴道德之外無文章能問世必自問心故以有恥持之而夙夜之糾虔獨切而又非長於有守絀於有為也心志之内觀無疚即出而馳驅聘問而本一已以樹四方之望者即合四方以驗一已之操不辱身更不辱君品何如其純歟雖士類無窮聲稱原非易副然處既可坊可表足稱兩不愧之完人出必為龍為光足立三不朽之大業賜而有

志為士也。可不期乎品之純哉。然而以此求士、亦未可多得也。

兩峯對峙得以我馭題之法文亦重規叠矩吐納宏深

使於四方不辱君命

李啓祥

才足濟學聖人所以重使命也夫使於四方者才也有不辱命之才斯行已之學乃不虛耳子故進及之且儒者未與人家國事不辱其身可耳一旦以珪璧之躬膺皇華之選而或才識不充權變未達樽俎之地貽寡君羞則雖爾室勵其操而王朝不重其器是有歉於才也抑已自負所學矣則豈特行已有恥已哉先王之選士也重德行甚於重文章氣節尤優而以知略膺大任即令威劫敵國詞折鄰封幸國體之無傷而僥倖圖功簡書豈無愧色吾儒之立已也有修為尤必有幹濟廉隅既飭乃以其問抒宏猷果其

式禮無愆誦詩能對雖命圭之未執而質文俱[illegible]上國已足增光何也使於四方亦行已者所有事也有君命在豈易言不辱哉要盟而改載書元原起釁索賦而陵境上卑亦招尤玉帛而起干戈辱身所以終辱命也向令以盟衾愧影之儒卑亢之消早徵涵養而能謹持未堪泛應際冠裳之地竟紊所施是處守身閑出貽國恥彼辭玉之術輕幣之僑不將起而議挾持之無貝歟獻齊捷而受賄貪利者私享地室而竟從畏勢者屈敦盤而羞巾幗辱命所以卒辱君也向使以砥節礪名之輩勢利之說久已淡忘而可虛提未見實徵入壇坫之間轉形其慼是將事不敏慎獨何功彼覿

詩之宣贊樂之札不且出而鄙我國之無人歟吾乃畢然於不辱君命者其觀變沈機悉達四方之事勢而又深之以聖賢之學隱固操持故命以折强鄰君威不損命以通屬國君德覃敷即使變故多端而力定識精有躬歷艱虞而不虞隕越者夫豈僅詞章丰采足壯行色於使臣也哉其秉禮度義久樹四方之風聲而更出之以兢業之心曲將敬慎故承君命而將幣帛人不我欺奉君命以息兵戎人不我侮即使權宜不一而審時度勢有陰行委曲以求利國家者又豈僅答賦歌詩差免誚譏於四國也哉此由行已有恥而進焉者也以此為士庶乎可矣

處處從有郰中勘出不辱掃盡浮詞獨標精義可謂語不離宗

子曰君子泰　二章　楊廷梓

仁不仁辨於驕泰而近仁者可貴矣夫泰而不驕君子之仁也驕而不泰小人之不仁也若剛毅木訥之質其近仁不可貴乎今以仁道之大也或安仁或違仁或不遠乎仁要皆於近似中辨之而已氣象有近似者於仁可覻心迹之分氣質有近似者於仁足證性情之合聖人於此辨其品焉表其真焉亦望人安於仁而不違進於仁而不遠爾孰為安仁則君子是孰為違仁則小人是孰為不遠於仁則可為君子可為小人者是曰者子嘗並論之矣克己復禮之旨不在外著而在中藏然理得心安待仁乃能自適氣拘

物蔽形骸因以日偷故由外著以測中藏於仁亦可窺其離合著
誠去偽之修不恃天資而恃人事然質非篤實存過每難為功性
苟肫誠操存較易為力故因天資以盡人事於仁尤可計其程途
子乃特為之辨曰君子非故為其泰仁存則泰宇常安小人亦自
諱其驕仁亡則驕容時露仁不仁相去如此且重為之許曰剛毅
則健足去私私去而仁漸復木訥則靜足存理理存而仁可完其
於仁相近如此天然而欲為君子恥為小人者必先以近仁自勉
矣小人意氣自雄君子則內蘊堅真不憑意氣小人才華自逞君
子則外甘樸拙不恃才華藉非守其剛毅木訥之真何由使終食

不違天君無非安泰乎所以成德者自存仁德君子雖常思歛抑莫非盎背睟面之時放心者早失仁心小人雖極意彌縫難掩趾高氣揚之槪夫然而凡為剛毅凡為木訥者必求以君子為歸矣以剛毅而袪外感從理之裕自殊從欲之危以木訥而固中藏作德之休豈同作僞之拙縱未與泰而不驕者等不已覺外緣難誘力行可以至仁乎所以善柔者色取仁有剛毅以振其神自非等小人之内荏巧令者鮮矣仁有木訥以立其體可漸幾君子之先難子類言之非欲為求仁者法歟

拈仁字詁題驪珠獨得詞意亦潔淨圓融

君子哉若人尚德哉若人　　沈國器

惟君子能尚德特許賢者以風世焉夫世無君子孰知德之當尚者而幸也有适在也子故許之以風世歟且今日之天下一以力勝德之天下也士大夫威權相耀勢分自矜其秉彝之性既蕩然無存在下者又復隨時俯仰顛倒其間遂使世道漸衰而人品人心至於不可問吾蓋心傷久之惜無有持一說以正其非者而不謂吾黨中乃大有人在也卓哉若人乃有羿奡禹稷之論乎夫羿奡何由亡以無德而亡也禹稷何由興以有德而興也然則人所宜尚者孰有如德哉翹首而問蒼茫之表盛衰興廢非無不爽之

定衡縱令氣數難憑而據乎其常聖賢斷無不予其成奸雄未有能逃其報則知人定而天莫由勝之也抵掌而談成敗之由福善禍淫原有不刊之正論卽令遭逢靡定而究乎其極惠廸者終能遂其吉從逆者必厚集其凶則知理足而數不得拘之也此德所以可尚也然而誰喻之而誰言之者惟君子衷懷淡定不隨氣運為轉移故砥節勵名祗課操脩於宥密而見之真者守之固立已乃以獨高惟君子操履謹嚴不與末流同波靡故知人論世時深法戒於當躬而行為表者言為坊持議於焉獨正言念君子所為惟德是尚也吾兹羣然於若人矣意者其實有上下古今之識乎

自來豪傑存心本無貪天之念而其德靡悔彼蒼必不忍棄諸草莽終予以困頓之遭自茲以往其有空山坐老而抱德不彰者我敢出若人之言以慰之使知天心本自仁愛冥漠中鑒觀不昧偶窮其遇必不至終抑其才果其懋勉不遑食報自在後日也允矣君子不足堅斯人好修之志哉意者其或有挽回時俗之心乎自來梟雄得志幾有造命之權而其德有虧造物必不使長享尊榮益張其恣睢之氣自今以往其有威力相矜而棄德弗顧者我敢陳若人之言以警之使知天眷非可倖邀身世內遺際何常予以其權要無非厚乎其毒縱使乘時得志顯赫曾無幾時也維彼君

子不足戢斯世角力之風哉君子哉若人尚德哉若人吾何幸今月遇之也

樹義必精摛詞無懦融上虛下無非切響堅光

忠焉能勿誨乎　　曾枚

原誨所從出受誨者宜知其忠也蓋忠不期誨而不能不誨惟其忠之至也受誨者其知之且人臣當用情之至一往而深固不必望君之曲諒其情也然臣實用情君乃從而不諒之臣不惜一往之情不見諒於其君而轉慮夫實用其情之時或因深懼君之莫諒致不能自解於形迹間也然則此情不容不為之代白奚夫臣用情之至非所謂忠哉然就必之迹言之令焉必奉教焉必承無一不趨之恐後茍有詭於其迹皆出者所不忍而不敢也夫此不忍不敢之衷固若臣所早為熟計者也而即必之心論之善則

歸君惡則歸已隨在亦可以自將苟或戾於其心又受者所不堪而不樂也夫此不堪不樂之隱亦苦臣所喻於無言者也乃忠者於此若終不諒夫君且轉欲予之諒我而出之以誨者則何以故事苟可徑行一意則本其所欲致之念挈而與之何不可以明無憾而委折胡為者夫委折亦以求濟耳明有其意旨所存偏不必肖之而出迨靜驗夫中懷之懇摯始覺情非甚切決無庸此纏綿欵曲之為則安得向所忠者披肝膽而示之也事苟可臾出一途則舉其不遑白之情移而用之何不可以見真忱而徑直胡為者夫徑直亦大可原耳祇率其初心所屬若不必轉而他求迨深察

夫事勢之必然自覺情本相關定難行乎將順優容之術則甚願為所忠者排疑謗而鑒之也惟然而心有不容已矣數言非不懼招尤批鱗非不憂獲咎而百端之顧慮總不敵一念之肫誠雖使勢有不行而寤寐旁皇仍未敢一日自釋其重負也而猶或指為多事何其誣乎惟然而迹更不可非矣格非固鄰於弗敬責難亦近於不恭而外貌之可疑究不若中藏之足信即使情難大白而設身處地終無由自我別用其調停也而猶弗諒其苦衷抑何謬乎忠焉能勿誨乎受誨者宜深長思矣

以幽折之筆寫沉摯之思使題中數虛字躍躍紙上

彼哉彼哉　三百　李維林

言彼以外楚臣數邑以論齊相焉夫以彼哉外子西是讓國不足稱也若仲之為人不嘗奪三百邑於伯氏乎子故因問而及之且春秋時能以國讓者君子進之謂其可息攘奪之風也若能讓而猶見外則奪焉者何以定其人哉不知善無可稱雖遜而逃品題所不加也績有足重雖奪而與論定有必及也明乎此可恍然於讓國之本不難而奪邑之無庸諱矣或繼子產而問子西豈不以子西生平莫難於讓國一事雖書社七百不果封與齊嬰之沮尼谿三百者等而要其大節崢嶸以視奪鬬韋龜中犨奪城然邑則

有大相逕者應亦為君子所許也子乃以彼哉彼哉外之者何居耳夫天下卿大夫爭奪相尋亦太甚矣彼碌碌無能如詩所云赤芾三百傳所稱乘軒三百皆弗具論即若公傅奪卜齮田郤錡奪夷陽五田惠王奪子禽祝跪與詹父田苟以子西之風愧之亦可以息矣何居乎斥之為彼不特無與於大夫稱人之例抑且不列於一言褒貶中乎夫非翩翩濁世佳公子哉而不置一評若此說者謂子外子西以外楚也春秋攘楚始自召陵讀苞茅南征數語未嘗不思及天下才或人則奚知焉意其聞彼哉之語以為讓圖如子西雖卑不足道亦豈至與奪人自豐之輩同類並譏者故

遂而問管仲人以為因外楚而有觸於攘楚之人吾以為因讓國而反鏡於奪邑之人耳蓋或先有奪邑三百一事在於意中乃欲借仲以衡見外之子西想夫子必將為仲諱也孰意夫子則又不然蓋管仲非不能讓也以彼受下卿讓高國顯著者勿論已即如遠送而劃地與燕劫盟而反田歸魯桓之能讓豈非仲實教之者獨至駢邑三百奪之者桓致其奪者仲夫子不以他事論仲而獨以此事論仲亦明知以彼哉外于西或人必不能釋於讓國一節因即奪邑形之使知人之所以為人不在於讓不讓尤不在於奪不奪也夫而後仲之為人可知並子西之所以見外者亦可想矣

抑又聞之分鮑叔之金仲自多與城小穀之地仲受私封雖不以
是為生平累而惟是得失之際人所難堪設非可奪而不疑伯氏
之怨言有在所不能免者幾何不等諸假王與服保於脾洩終為
同官口實哉而竟沒齒無之也則管仲之賢誠可媲美於惠人之
子產而非彼哉彼哉之子西所可同日語矣

夫子於管仲何獨舉奪邑一事恐或人誤以子西之遜位為賢
也是篇參透此意而用筆亦有古致

蘧伯玉使人　二句　　呂寅

觀聖賢之相與難乎為所使者矣夫使人常情也與坐而問常禮也然使之者何人問之者又何人勝任亦綦難哉且人所以相與情與禮而已顧情有難徑達者以賢契聖亦藉人而致其情禮有非泛施者以聖契賢必因人而將其禮以一人處聖賢交際間覺情甚摯禮甚隆而其任為甚鉅矣昔孔子三至衞主伯玉家無何自衞反魯嘗問人他邦意孔子有不能忘伯玉者然伯玉亦何能忘孔子哉其使人於孔子也固宜結契之真在性情不在形迹至睽違既久則形迹疎而性情亦覺不親而特恐聯吾性情者之難

其人也命一介以遄征在當日必幾經審擇感乎之素在志氣不在儀文惟境地既睽則儀文缺而志氣亦形相隔而何幸通吾志氣者之有其人也就阼階而拜送在當境或不盡低徊是則伯玉之使人孔子非苟焉已也然孔子於伯玉所使之人亦豈苟焉已哉陪臣而效職私門惟是唯諾步趨自循常分一自四方將命則修文修意彼此之契合攸關況使之者之為伯玉其闇望流於四國其德業冠乎羣僚脫令隕越貽羞毋乃辱大夫命乎蓋簡書在笥其人之責任深矣奉命而遄征遠道惟是馳驅奔走未敢告勞至於前席幸親則爰度爰諮賓主之悃忱如見況所使者乃於孔

子其結納在於神明其觀摩深以道義脫令威儀徒習何足近君子光乎蓋策幣方陳其人之仔肩重矣此孔子所為與坐而問歟於此見孔子之待其人有獨殷焉念自沬土言旋離羣索居奇誰賞亦疑誰析而寸衷耿耿意中有伯玉目中適有斯人能勿與為周旋乎纏綿之隱發而為恭敬之容其與坐也在其人不有悚然難安者哉於此知孔子之望其人為獨至焉念自東山息駕假年學易心誰質亦道誰同而淇水悠悠目中見斯人意中如見伯玉能勿與通款洽乎晉接之間轉莫罄思維之意此一問也在其人不有瞿然以興者哉則甚矣為伯玉使者之難也何為一問將何

以爲對哉。

對定章末用意不浮後幅亦得虛步

子曰君子道者　二章　　曾士玉

以無能與不暇自居皆為賢者進也夫聖如夫子猶以仁智勇為無能以方人為不暇聖人之大也然所以進子貢者不即是乎且聖門有子貢於太宰多能之問則以子為天縱於陳亢豈賢之語則以子為猶天吾黨推為知聖焉顧聖之所以為聖子貢知之聖之不自為聖與聖之自勉為聖子貢知之而猶若未知之聖人於此所為以己所抱歉者何端己所不遑者何事獨與發明也而返己之宜密與治己之宜先此意亦相深於無盡矣今夫道有全量固無一事可信為能學有實功尤無一時可居於暇也然可與語

此者惟子貢於不憂見君子之仁於不惑見君子之知於不懼見君子之勇仁知勇未至而欲方於君子固有聦其弗遑仁知勇既全即進方於君子又何虞其不逮何夫子以無能謝乎夫未能不憂何以莫敢方君子之仁未能不惑何以莫敢方君子之知未能不懼何以莫敢方君子之勇此豈非行道有得之言不謂子貢竟知之也明之曰自道見子惟能全其仁知勇始能知其無憂惑懼也指之曰夫子自道見子雖自謂無能正子之無一不能也然非夫子發之子貢亦安能悟其內勘之深而知為仁知勇之夫子猶時防夫憂惑懼之擾也哉然不自滿於己者聖心之虛而不旁騖

於人哲聖學之切惟不憂而後能方人之仁惟不惑而後能方人之知惟不懼而後能方人之勇我猶有憂惑懼而欲方人之仁智勇其抱愧固多我即無憂惑懼而必方人之仁知勇其分心亦不少何子貢以方人聞乎夫以仁方人而後知己未能仁以知方人而後知己未能知以勇方人而後知己未能勇此豈非因人考己之術然而夫子固慮之矣褒之曰賢見方人惟賢者所能豈賜果賢乎示之曰我則不暇見自治方多所未能而暇閒人乎然非夫子言之子貢亦安能斂其外馳之心策之於仁知勇之途以求免乎憂惑懼之累也哉厥後性道之教惟子貢得聞知子貢亦能以

君子自勉不暇方人矣此子貢所以進歟

一講特勝兩大比亦見清切

驥不稱其力　二句　　呂寅

為驥審所稱可知德之足尚矣夫力也德也驥固兼而有之者也而所稱在德不在力人可不知所尚哉今使有相馬者於此欲馳域外之觀而自囿局中之識品題所及第以其名不以其實遂謂為能相馬焉勢不至舉絕特之資湮没其終身不止至所求不合則又謂天下無馬嗚呼其真無馬耶其不知馬耶試以驥論扶輿磅礴之精久有所鍾乃賦以健順安貞之性則撫異質而爭先快睹原自等於祥麟威鳳共詫為奇景運昌明之日會逢其偶乃覯此權奇倜儻之材則抱殊尤而真賞不虛宜自拔於海澨山陬於

焉入貢何也驥有力復有德人未有不稱之也然而難言之矣登金臺而憑弔霸氣其猶存矣乃求之三年者方貿軼羣之望而付諸一顧者終來皮相之譏伏櫪者毋乃因之短氣乎可知風塵物色不盡在過都歷塊之年過冀北而求良呈材其不偶矣乃時無伯樂方懷短馭之嗟而駕効王良復鮮長鳴之地識塗者毋乃為之灰心乎誰則鄭重搜求能索諸牝牡驪黃之外是蓋有其力焉戎旃進退之閒駑駘失步而顧此絕塵之概奔軼乃覺無前斯固汗血材也則力之足重有然是又有其德焉警蹕雍容之下小駟羣驚一膺以上選之能和鸞於焉按節斯真天閑種也則德之足

貴又有然人之稱之者其謂之何且夫斯世之人情顛倒誠莫測耳冠蓋縱橫之會交舞通衢其間之譽擅如龍者亦復不知凡幾而驥何寂然也當其鬱不能伸假康莊而末自以視捷足先登之輩方且自覺無能甚至責以難堪有欲與中駟之資一爭衡而不得者是驥方以德而重驥亦以德而輕也特真品終有在爾且夫人生之知己賞識貴有真耳鹽車抑塞之秋莫分半粟有告以乘時則駕者得毋顧而自疑而驥終淡然也迨至欣於所遇懸上賞以為招迴視虛聲相市之流莫不瞠乎在後甚有相見恨晚思欲邀一[illegible]之盼藉附尾而無從者是驥之見知在德驥之當勉尤

在德也而奇材為罕覯矣夫驥其小焉者也是何意態雄且傑一洗萬古凡馬空至其感喟蒼涼作者殆自道乎　予重性情敦篤言貌恂恂一望而知為君子英年績學賫志以終讀其文者亦可想見其抑塞磊落之氣矣披閱至此無一愴然

驥不稱其力稱其德也

陳炳坤

為稱驥者慨而驥愈知所貴矣夫人之稱驥者力而驥之自重者德也觀於稱不稱之故稱驥者可慨為驥者不愈知所貴乎且自庸耳俗目之不足與相天下士也於是乎抱非常之品遂鰓鰓然以人不知為憾夫人不我知誠有足憾乃吾尤慨世之真才其湮沒於庸耳俗目者轉不在於不知而在於知其所知為不少也試即驥論今夫人不稱夫驥哉驥不自名以為驥人稱之猶是驥人不稱之亦猶是驥然驥雖不以稱不稱為意而人之稱驥者宜自審也驥惟自守其為驥稱之而當驥受之稱而不當驥亦受之然

驥雖不以稱不稱爲重而人之稱驥者尤當思也吾竊見夫驥之爲人稱者矣衆其超羣軼俗之才嘖然稱之曰此其力之難及者抑知驥第以力獲人之賞驥實以力受人之羈也此驥所不自解也又見夫人之稱驥者矣即其形相皮毛之近羣然稱之曰此其力之可觀者何以人不稱驥猶不失爲驥人一稱驥反不見真驥也此驥所深自慨也夫亦曰德而已矣稱驥者果何謂哉知其非驥則驥先無以自貴何怪乎人之舍所稱而就所不稱不然者驥即不必見知於人亦自有其所以爲驥者豈僅爭諸力乎知不知驥則驥方付之漠然一任乎人之昧所稱而即所不稱非然者驥

即不屑求知於人要必有其自重乎驥者何不求之德乎設謂驥必待人稱是世有知驥驥因以顯世無知驥驥即以晦奚貴其德也者驥惟非人所能重輕故遭逢雖艱自待未嘗或薄抑謂驥終無人稱是天之生驥所以彰驥天之生驥適以窮驥誰貴此德也者驥惟非天所能抑塞故遲迴以待見賞非必無時驥不稱其力稱其德也稱驥者可慨驥愈知所自貴矣

純用白描亦足別樹一幟

子路宿於石門　合下節

周殿修

知聖心者在所為而聞聲亦見聖心焉夫不可而為晨門知聖心矣然聖心無在不見也彼荷蕢者不又聞磬而歎為有心歟且聖人憂世之心固不求諒於忘世之士亦不求白於忘世之士也乃有時不求諒而尚相諒者若默會周流之意而因弟及師不求白而代為白者亦深窺悲憫之懷而開樂知德是忘世之士非不知憂世之心也而憂世之心實足動忘世之士已春秋有孔氏以用世為心者也觀其猗蘭有操司寇不終雅樂無傳太師遠遁有自知世不可為而不敢謝為之之責者特其心無知之耳何意子路

宿於石門乃竟以晨門之語傳以子路從遊四國所遭豈乏名流何以荷蓧丈人終非同調耦耕沮溺莫訂知音晨門乃竟以逆旅傾談大白悲天憫人之志不可謂非心知也即孔氏遠適列邦相遇非無傑士何以封人相見木鐸徒推接輿與言狂歌不返晨門乃獨有片辭論定顯揭民胞物與之衷不得謂非心賞也不然詢以奚自而告以自孔氏晨門可以已矣乃曰是知其不可而為之者與晨門非有心人哉蓋隱士忘世之舉皆由憂世之轉念而來而況抱關非本初衷特以環轍有人聊自謝仔肩之責故當適然興感遂若舉痌瘝至意為之太息長言抑聖人憂世之情每與忘

世之隱懷相觸故即石隱幾成絕物一當驟聆雅奏偏不忘盈耳
之聲宜其偶爾移情不覺因飢溺憂思為之怦然動念有如子擊
磬於衛亦自寄不可而為之心耳胡荷蕢過門聞而感喟也曰有
心哉擊磬乎吾於是為夫子幸焉戛擊鳴球之盛雖難追帝世休
明而猶以餘韻悠然結賞音於户外慰藉已在無聊且使入耳關
情其人幡然意改則雖時勢無可為之日而風塵多一良伴即衛
泌少一遺賢感動非虛尤有為夫子所心喜者特無如其藏焉第
在片言耳於是為荷蕢望焉韜名晦迹之區第習聞空山嘯詠
而忽有閒情偶寄留逸響於人寰遭逢亦良非偶向使聆音慕道

一時遽爾情傾則即宇宙非可為之時而姓名得附吾徒豈蹤跡縱淹沫土至人在上[illegible]有為荷蕢所深嘆者又何意其感發僅在俄傾哉荷也謂為有心而不能言其所以為心荷蕢之知聖固非晨門比也宜乎惡其不可為而為乃以可已不已諷也

題本聯絡一氣難不在融洽而在分明文恰得分寸

子擊磬於衛　全章　　　呂澂

聖有知難不已之心、非果者所知也、夫子惟不果於忘世、所以心乎世也、何荷蕢知為有心、反不為其難而為其已乎、子故深慨之、且天下所不能已於聖人者、皆聖人所不能已於天下也、聖人之心、豈以畏難而遂止哉、不謂睠懷斯世者、方假器以自鳴、而作意絕人者、竟聞聲而相諷、至以已之決然高蹈、譏人之與世推移、是未知聖人之所為極難、非可已而不能、實欲已而不忍也、而此心轉不能不急自已、不然、春秋之世、至難之世也、人苟心知其難而果於忘世、微特已之能為其已者、不復有悔於心、即人之不能自已者亦末由進諒其心矣何日者子擊磬於衛荷蕢者乃知為有心哉是惟至人悲憫之懷隨時而見故關情所寄亦若載隱念以俱流亦惟隱者澄觀之識有觸斯通故無意相遭遂不覺中情之悉露審是是荷蕢者誠知聖心矣獨奈何不知夫子之難乃譏以鄙勸以已且以深厲淺揭之詩諷也蓋心知世運難移斯人無能見用度不可以幽貞之操試諸艱危因慨夫利濟情深者未嘗預籌其險易故因以微言諷諭見涉世之別有其方抑心知人情難挽此世本不足為斷不容以軒冕之縈易吾泉石因念夫援溺志切者亦當自審於行藏故特以局外譏評示見機之宜於速決子

聞之曰是果也是不難也荷蕢者誠何心哉時事之根値也雖至難無容自諉使必超然高舉謂天地民物不必任其仔肩亦思天下何以猶一家中國何以猶一人君子胞與爲懷初不因事極運殊自寛責備乎與其樂於隱遯圖一己之寛閒曷若奮於功名轉一時之氣運如曰果也箕山潁水節操非不可傳而吾儒有所弗尚者以第爲其易耳有心人其敢恝置也哉豪傑之既生也當其難必欲自爲使第激爲沈淪謂位育經綸無足見吾抱負亦思當世豈有不可化之人天下豈有不可爲之事儒者才猷素裕方且因盤根錯節自建勳名乎既欲宏濟時艱慰蒼生之渴望豈忍顧

言獨善盜處士之虛聲如曰果也莘野渭濱道義亦堪自樂而幣聘有所弗辭者以所荷者艱耳有心人能無奮興也哉此夫子之心所以終非荷蕢者所能知歟

心長語重能使聖人救世苦衷昭然若揭

友其士之仁者

鄭亨

為求仁者擇友，欲其以仁輔仁也。蓋惟仁者足以輔仁，為仁者所以必有友也。邦有是士，可不繼事賢而友之乎？且以求仁者出而擇友，非徒侈夫應求之雅也，要必獲夫性命之交。蓋天命謂性，友與我皆得諸降衷，即盡性為仁。我得友乃資其觀感，禮雖自復而德必有鄰，世未有存理遏欲不藉切磋以成者也。事其大夫之賢為仁之資，其在是乎。然典型在望，既有所憚而斂其神，亦德性可欽，尤貴有所親以集其益。仁易離而難合，非時時有以相勉，偶合亦難保無離。惟望先至者以為程，瞬養息存，莫不視為準則，久且

循程漸進而無間者其神仁難密而易疎非在在有以相規一疎
則難期復密惟引同類者以為範顛沛造次無不奉為依歸終必
就範不違而常存者其理則有如仁者乎邦有其士可不友之乎
然而士非能自致於仁也明善復性類因討論而來閑邪存誠半
由講習而致同此聰明同此才力人猶且取友以成仁我何可輔
仁而無友然而士又不自私其仁也通德類情立人達人存其念
大公無我成己成物會其通猶是物則猶是民彝人既不以仁而
自隘我豈得棄仁而如遺在天資穎達者才華自負未嘗不以仁
為樸拙也而忽之豈知資其講貫足廣見聞資其陶鎔足變氣質

資其真實無偽足以涵養性情觀摩久而獲益滋多即吏未志於仁猶當深其契合而况乎求仁素殷也蓋以賢輔仁而仁僅得諸丰采以仁成仁而仁乃契諸隱微矣在聲氣廣通者結納為豪未始不以仁為平易也而疎之豈知得其慈祥性天以厚得其愷悌器量以宏得其省察操存學問心術以正親炙深而取資不必即使已至於仁猶必借為考證而况乎求仁未得也蓋以事賢言為仁而仁之效法既有由以友仁言為仁而仁之持循更無間矣由是而為仁之資以全

步代止齊中幅尤見真際

吾之於人也　一節　何榮福

聖人無毀譽春秋之志也夫子作春秋所毀譽者誰乎觀於譽有所試則仍非譽也毀不更可知乎且刑賞者聖人之權非吾所得與也不知者乃援華袞斧鉞之說謂吾以筆削參刑賞或不無私意於其間吾何以為心春秋一書又何以垂為信史哉蓋至樂與人善猶存核實之思此意亦可以大白已有如吾修春秋將以示萬世也當貶而貶亦當褒而褒不特無所容吾毀亦有無所容吾譽者吾之於人可自信矣誰乎為吾所毀譽乎吾豈樂為刻覈而無如犯教傷義在乎人所自為故自甘於盜即以盜書自甘於竊

即以竊書至於為取為求為孫為假充類可至於盡而嫉憤之餘轉為憫惻握筆有大費躊躇者顧敢為毀歟吾豈漫為揄揚而第以片善寸長出於人所同好故侵田來歸過嘉其改用矛入陣義許其伸以及書字書氏書爵書地稱量必得其宜而欣慰之深轉煩審量本真有恐為所掩者遑敢為譽歟誰毀誰譽如是而吾可謝乎人人亦可信乎吾矣乃或謂春秋之作垂為世戒故其列有貶而無褒噫是以勸懲之用為刑名之學也豈知惡惡從短即善善從長吾不特無所毀而且有近於譽者在哉試即以譽論蓋春秋之義莫大於尊王會首止則書會於洮則書鉅典煌煌誠足壯

簡編之色然亦深觀夫國本所由定王禁所由申有非徒大書之近於夸者反是以觀舉凡繻葛之戰河陽之狩何莫非持審慎之心以折衷而歸公是也則竊取非無徵矣抑春秋之旨莫要於攘外伐衛則書晉侯伐曹則書晉侯奇功燦爛亦足稱簡册之光然亦詳觀夫霸業所由啟武功所由成有非為特筆之亂其例者反是以觀舉凡戰泓之傷戰泌之敗何莫非本精詳之見以權衡而為予奪也則操觚非率爾矣嗟嗟吾生也晚不幸託之空言誠有不得已者即其間刺多美少而苟有可美之事即不禁喜而筆之跡隣於譽其實仍非譽也何論毀耶此吾之直筆所為與民之直

道同此顯微志晦之旨也然而吾愈穆然於禹湯文武之隆矣

以春秋立論於知我罪我之意却有合處文亦機神洋溢

吾猶及史之闕文也　二句　胡玉峯

追憶及見之事古風僅有存矣夫文卽能闕尚非作史之長馬卽借乘固自有人之見耳然不可謂非古風之存也子故因所及而憶之且以古道之微也其不復覩者祇以深望古之思其幸有存者又莫猒懷古之意夫人情以習而不察大抵然矣不謂藐躬所閱歷不過數十年遺俗所流傳亦僅一二事一爲流連往復覺耳目所經若足慰生平所望而欣幸之私且因而耿耿莫釋焉抑又何也今夫著作裕長才傳疑不如傳信鄉閭薰善行相郵尤若相忘此世道所以隆人心所以厚也然豈爲吾所及見哉蓋嘗思耶

治之朝侯甸要荒纖悉動聞於黼座而載筆儒臣又皆博通典籍以濟其才識之優故所見異辭所聞異辭不足擾紀載之精神而筆削所垂一無形其缺畧抑嘗念大同之世睦婣任卹和親早勤為成書而當時物力復皆備極富饒未嘗有盈絀之勢故貨不藏己力不為己且習為尋常之風尚而解推所在未聞侈為美談史闕文馬借人始吾及之以為無足輕重耳乃吾俯仰追維猶幸吾之見及此也是惟識大識小之任分而文獻不足於徵其弊早在朝廷之上故文士拘於聞見而聰明之不敢自作者尚堪矜式浮今亦惟各親各子之見重而緩急一無可恃其習已徧鄉曲之間

故財力異於充盈而乞假之猶肯相通者已覺敦崇古道吾因之有感矣天道以剝而必復故稽古著虞書之目勳華非必躬親塞淵陳楚室之詩民物僅收餘燼而遲之又久仍覺數十年之治法如晤羹牆三百乘之滋生競歌騋牡知闕文借乘之事古人固已習為故常耳吾所及既有此兩端竊意剝果蒙泉所為發生者未必不於此開其兆也至耳濡目染之餘此外更不堪追憶則天道殊不敢知矣王澤無盛而遞衰故越竟嚴嫉惡之條古風猶昨考牧紀豐年之夢勝事猶傳而沿及吾身仍覺修故府之春秋夏五郭公沿其舊錄先公之雅頌斯臧有駜誌其隆知闕文借乘之為

前此當更有進於是耳吾所及止有此數竊恨年湮代遠有志未逮者竟不獲由此溯其原也至遠矚高瞻之下以此為差足愜心則王澤幾難與挽矣孰意今日並此亡之乎吾能不重有慨哉

沈鬱頓挫慨當以慷提比尤具風力

知及之仁能守之莊以涖之

方兆福

知仁出以莊涖治民之事幾全矣夫知也仁也莊所由出也以是為莊即以是為涖治民之事不幾全乎且聖人在上而頌以如神欽為允塞豈惟是端凝之度足以臨照萬方云爾哉然非於惟精惟一之內統明誠以妙渾涵必難於共聞共見之時泯張皇而呈氣象此在出治者固自以為非極軌也而既能入與一心相謀出為天下作覩即此由中達外未始非體用兼備之修矣民不[illegible]由於涖不莊然則知與仁何足貴及與守又何足貴哉君子皇然矣謂古來郅隆之治必極淵深原不徒以至明至公表為律度惟是

根心生色精神果無悞用自有經流露而顯其光者故察察煦煦所不矜自能使瞻雲就日之倫潛消積玩即吾黨宰世之經貫求明備亦非第以能擇能執藉作儀型惟是積厚流光方寸克具紀修要有望丰采而知其峻者故是非惻隱皆所性尤必於委佩垂紳之下自切整躬蓋猶是知也而不得僅謂之知矣猶是仁也而不得僅謂之仁矣莊以涖之矣然世固有舍知仁以為莊者識見不足動人乃示威嚴為震懾操持不足信己始藉檢束為彌縫粉飾雖工非中於驕即流於肆而驗王心者何由覘濬哲徵老德者何由美溫恭世更有泥知仁以為莊者恃聰明以臨黼座趾高則

氣必浮託忠厚以對大廷貌襲而容亦陋拘墟未化非鄰於矯即失於粗而覩作肅者誰是慕欽明歌近光者誰是生愛戴然後知遞深之學非可一蹴幾也未言知先言仁則見不定未言仁先言莊則意不誠君子循序以圖何嘗有心於顯暴而知所不能運者仁以握其原仁所不能周者莊以埀其範由裏及表總不使神有或儆而怠氣漸萌意有偶踈而倦容時露也迨至師保如臨而窮理盡性之功不已至哉且以見日進之機非可半途止也既有知必有仁斯識非虛既有仁必有莊斯心不放君子勵精以往非必遽止於宣昭而知極其精者即本仁為依據仁極其熟者即本莊

為發皇以漸而推夫何至辨別已明而尚生玩惰操存已固而猶蹈愆尤也迨至神明共奉而臨下馭衆之道不幾全哉然猶未也以言動民蓋又有禮在

游刃於虛動中窽會宜其舉重若輕

疑思問忿思難見得思義　陳宗超

物有足惑吾心者君子又難已於思矣夫疑也忿也見得也皆足惑吾心者也思問思難思義君子所以不惑歟且萬物待治於一心而不免心爲物惑者非物果能惑吾心也實未精其心以辨惑耳惟虛其心於察物之先而心無所滯平其心於應物之際而心無所戾潔其心於取物之介而心無所汙以心辨惑不以惑累心斯心能安而實能慮視聽色貌言事君子既各致其思矣若疑若忿若見得其足惑吾心者不更甚哉在上哲質具生安不待格而於物無所蔽不待養而於物無所忤不待制而於物無所貪中道

從容所以不思而得也非君子所能驟幾也而下學功疎考察心甘於怵而識日闇心遂於浮而氣日擾心熏於利而智日昏苟且行爲夫亦弗思之甚也非君子所敢自安也蓋物之惑吾心者其如疑忿與見得也而治吾心之惑者莫如問難與義也如之何無思惟君子知物理難窮宜受以益物情難協宜受以謙物欲難袪宜受以節故養中制外無膽斷無激烈無營求惟君子知須自封雖愚不固心無自驕雖疑必解心無自利雖齒猶豐故謁慮殫精非浮慕非姑息非矯介必待疑忿見得之交集吾前而後用其思以防之猶後也君子不必有疑而有道而懷就正不必有忿而

一朝常懍忘身不必見得而貨之常虞悖出則思之者豫也迨至有時而疑考道殷而疑立剖有時而怨慮患深而怨已消有時而見得酌理精而得自當悔吝胥捐謂非思問思難思義之辨惑者早哉苟因疑怨見得之已遷其境而遂寬其思以忽之亦懈也君子既析其疑而獨居無忘質證既蠲其怨而燕處時懍冰淵既戒見得而一介必嚴持守則思之者密也所以有疑必解久之而無所謂疑有怨必懲久之而無所見怨有見得必慎久之而無所謂得神化漸臻謂非思問思難思義之辨惑者至哉然則君子辨惑之功其即君子思誠之學乎

詰題精切通體總發尤見力量

吾聞其語矣　二句　　曾慶文

有聞而未見者聖心所深慨也蓋既有求志達道之語必有求志達道之人也聞其語未見其人子能勿深慨歟今使吾目與天下相期之詣幸而得見於目前則不特古人之言不我欺抑亦為我心之所共慰者矣無如古人雖不我欺而所言若非皆實迴溯之下乃明明懸而有待者如彼終難一覩者竟如此也得毋詣以進而益上而願亦以奢而難酬耶隱居以求其志行義以達其道此其語不知出自何人遂傳述焉而聞於吾也吾方憫夫人心之潰亂意或有人焉裕明體達用之功以戢人心於將渙而不謂主訓

猶在已先我而寫厥心也化有守以大有爲斯固吾所跂予望之者矣吾太慨夫世道之泯棼計必有人焉具明德新民之量以持世道於弗衰而不謂先民有言已於斯而明其概也因獨善而思兼善是誠吾所願言靚止者矣斯人也斯語也使亦聞見悉符豈不幸甚而何以持以相期其語具在遲之又久其人難逢也闡而未見吾能無望古遥集哉人非關治亂安危之大則雖予褱難慰要無膚罷勉以相求惟是學問事功出處晉徵運會斯所爲禱祀深之者較之狷介之流倍形鄭重也何意遺徵已邈乃僅留諸齒頰之間人非攬天地民物之全則即夙願克償究未見躊躇

而滿志惟夫行藏用舍窮達皆繫蒼生斯所謂馨香祝之者誠非潔清之士所得比倫也胡為全詣難期乃徒寄諸流傳之口吾不禁撫是語而慜然慨矣皋禹拜颺晚近閭既無其品渭莘耕釣三代下復少其才可知崧嶽篤生雖帝王亦無由相强則以今日之懷古情深而念我生以前必早有心儀其人而乃懸斯語以相高望者特無如吾生已晚仍不得於吾身親逢之耳吾不禁緬斯語而殷然望矣九五箴乎在天其中有利見之會五百生乎名世其間為時可之期可知大人特出在天地亦將有轉機則以此日之望治心殷而知我生以後必將有目覩其人而深信所聞之誠不

謬者特無如其出有時終莫由於旦暮遘遇之耳此吾所以因絜身之學而進思經世之英也

宛轉關生情文並茂

吾聞其語矣　二句　　陳紹良

所見不逮所聞聖心有深慨焉蓋求志達道之語固為其人而言之也即其語以思其人子能勿慨為未見歟嘗思論古者必有驗於今誠以傳諸古者猶虛而遇於今者始實也然使今之所遇果悉符夫古之所傳豈不甚幸無如居今稽古古實信而可徵而援古證今今猶懸以有待先民有言而偉人不作是耳可得而聆之者身竟不得而遇之也隱居求志行義達道古茍無其人何必有其語哉蓋在古人必躬逢其會親見夫名山坐嘯儲幹濟之宏才環堵浩歌裕治平之偉畧因即純儒之學問顯繪其真而語以人

傳猶稱述於代遠年湮以後且必身處其間親見夫九陛拜颺聿抒生平之抱一廷展布胥根蘊蓄之真因即名世之襟期曲傳其概而人以語著遂流播於百年必世之遥蓋古有其人古乃有其語也吾聞其語吾不甚欲見其人哉閱歷周十五國而遥都人士時相贈答而風塵操藻鑑每樂得一非常之士以共荷時艱況乎古人之為此言者尤引我以無窮之望也其語父老傳之深山大澤之中尚或遇之流失極二百年之久天下事急賴轉移故身世具澄觀每欲訪一命世之英以徐覘偉抱況乎古人之為此說者更覘我以遥集之神也其語簡編載之酬酢往來之地庶其逢之

蓋吾之欲見其人意甚殷情甚迫也而如其未見何哉三代上不世之勲至今猶未盡泯而從人往風微之下緬遺蹤於曩哲轉不免有借才異代之思撫斯語以切流連知我生以前必實有身逢其盛者今何竟寂寂若斯也夫窮達有真古今人豈遽不相及乃勞勞韈迹徒深物色之情落落塵寰絕少瑰奇之彦亦幾憾予生之已晚矣風流頓歇而論說徒存吾能無低徊慨之五百歲昌期之應彼蒼自有定衡而從營豐作鎬以來計世運之遞遷已適當夫數過時可之候誦斯語而深企望亦念當今之世必將有起應其期者茲何為寥寥莫覯也夫降生不偶冥漠中豈真付無心乃

渺渺予懷徒作賞心之待茫茫世宙偏艱覿面之緣亦深歎天意之難知矣時事方殷而全才難得吾其將禱祀求之

高瞻遠矚氣象不凡

好仁不好學　一節　王尊光

歷指不好學之蔽有各隨所好者焉夫仁知信直勇剛皆美德也然徒好之而不好學則各有所蔽矣子故歷指之聞之民有秉夷好是懿德懿之為言美也所好在至美之德似可決為至當無弊之歸矣抑知專用其好者每不免偏用其好偏用其好者必不能兼用其好至不能兼用其好恐成德之事將轉為失德之事而德之失其為德者即好皆誤於所好矣六言果何蔽哉亦蔽於理之不明耳古今有不易之經守其經則與理迎失其經則與理距方迎忽距不在課心未篤而在課業弗精故必恃人力不任天資氣

質始能變化事物有當然之則順其則者與理合違其則者與理分既合旋分非患用志不專而患用功不力故必崇實踐以祛妄念意見乃以消融有如仁知信直勇剛皆美德也而其蔽則見為愚與蕩賊與絞亂與狂如是是豈六言之不當好哉亦不好學故耳蓋人惟學識既充故好尚不同拘執仁知相濟用渾厚亦用精明信直兼施能真誠亦能方正勇剛並擅見果敢亦見堅強力行皆本致知正軌弗踰云為悉當斯其好乃真好矣而人苟學修未盡將好慕總入偏私仁知襲其形姑息濶疎交病信直乖其道拘牽急切同譏勇剛任其情悖逆粗浮等誚固執不由擇善徑情一

往施措多愆，是其好直阿好矣。以是知蔽之有由來焉。人心本屬虛靈，苟好善有心，何至轉成沈錮？無如仁流兼愛，知流小慧，而有容有別之實亡；信務踐言，直務徑行，而不詐不撓之真失。又況氣矜非勇，慾屈非剛，近似混真，尤覺辨不早辨乎？儒者功希賢聖，祗此性情之用，不能調劑而適於中和，慕善雖殷，徒謬誤耳。尚其矢勤學之衷哉！且以知學之不容已焉。人事本宜黽勉，苟好修有志，何時可懈研求？況夫仁患太寬，知患太深，當思冒昧紛馳之過；信防其諒，直防其訐，可悟堅持操切之非；而且勇異粗豪，剛殊傲很，平矜釋躁，更宜精益求精乎？吾徒質擅兼人，倘令嗜欲之私至於

膠滯而乖夫義理天資雖美終疵瑕耳可不求袪蔽之法哉由果有六言之益無六蔽之愆焉則德成矣

從好不好勘發探驪得珠總發尤見力量

可以觀可以羣

曾舒文

詩有中和之益、可由興而遞及焉、夫觀折其中、持身之鑒也、羣得其和、涉世之宜也、要非學詩不可、子故由興而遞及之、且理原一定、無主則紛、情本大同、弗推則隘、乃或不失之紛、而失之泥、不失之隘、而失之汚、若抑又何哉、蓋我身有當然之理、不證以古人已然之理、斯見理不真、我心有獨至之情、不類以古人共至之情、斯用情不當、此理所以當折其中、情所以當得其和也、而身世之間受益有在矣、學詩之益、豈特可以興哉、今夫持身必有所鑒、而後識見明、涉世必無所乖、而後志氣洽、吾儒為學、未有不欲酌理準情以歸於中和之極者也證得失者莫切於身既往宜取為前規將來宜懸為後鑒此其道利用觀頤或自鏡其身而徵行考言未曠宏通之識將何以深明善惡用協千古公評不學詩烏乎可先王蓋慮衆理之歧不由勸戒也於是為之詩以定其是非自朝廷宗廟以下逮鄉黨州閭使王公能得下情使黎庶能知上志以意酌理斯觀乎其通矣學之者觀其心而迹可畧觀其常而變可想觀其意而辭可刪公好公惡之原深之即知天知人之學豈獨流連陳迹僅知世運盛衰乎縱賞奇析疑仍貴樂羣敬業而居今以深辨難必先考古而切省修蓋持身能得其中者實學詩以明其

理也可以觀矣共酬酢者莫紛於人合志則貴其同方營道則期其同術此其道利用羣顧或苟同於世而氣求聲應不無泛濫之譏又何以辨別賢奸不失千秋直道不學詩烏乎可先王蓋慮人情之渙莫能交孚也於是為之詩以通其意氣自學士大夫以降及勞人思婦於賦物存其實意於懷人見其真忱以志會情斯羣而不流矣學之者羣於一鄉一鄉無拂羣於一國一國不逆羣於天下天下皆宜同德同心之意推之即吾胞吾與之懷豈第泛覽篇章獨賞蓬廬風雨乎縱羣分類聚亦待考訂觀摩而取友以為輔仁彌見與人無非大德蓋涉世能極其和者正學詩已正其情

也。可以羣矣。然而詩之益更不止此也。

通體不用詩什不但無舉一漏百之弊且與他卷之濃填草木

鳥獸瞻犯下文者迥別

虞仲夷逸朱張柳下惠

方兆福

周之逸民有四人皆出於中國者也夫虞仲為周親與夷逸朱張柳下惠皆周人也生於中國而同以逸稱故繼夷齊誌之且魯論記逸民而首夷齊夫夷齊殷人也何以冠有周之逸夷齊孤竹人也又何以冠中夏之逸惟有繼夷齊而誌者既循時代之序仍存華夏之尊則為之大書焉知四美迭出於盛朝而勝代二難育不得獨擅其奇者矣蓋名流之挺出屬於昭代者最多而昭代之芳蹤出於中邦者最盛客有從荆蠻來者曰勾吳之野有畸人焉斷其髮文其身採藥山中非虞仲乎吾想走馬之年契龜之日閥閱

相承壎篪迭奏仲固一時貴公子也而乃至於此此其遺佚不怨阨窮不憫有足開墨胎氏之先聲者嗚呼奇矣雖然仲特逸其迹耳未逸其名也逸其名者惟夷逸或曰姓夷名逸語無可考或曰周大夫夷詭諸之裔夷為采地殆因以為氏而逸即其名歟乃又相傳為竄於夷散逸不仕故謂之夷逸是夷逸者既不同夷仲年仕齊又不同夷射姑仕邾泉石烟霞長與終古迄今樵夫牧豎猶能傳其歌咏曰與其被繡而為犧兮何如服軛而耕野兮聞其辭可知其意矣奇乎不奇且夫虞仲與夷齊類也夷逸與虞仲亦類也獨至類而不類不類而類則有朱張其人者既不同虞廷朱虎

蔚為命世之英又不與吾黨琴張列於聖門之選而竟以不見經傳稱生何時歟處何地歟何不並其名而亦逸之歟附之於逸民而張可千古矣是張之幸亦即張之奇也然孰是說也又何以處夫柳下惠惠魯人也生於魯長於魯亦仕於魯其油然與偕援之而止非若朱張之遺世亦非若夷逸之逃世也其不惡汙君不辭小官非若虞仲之遯荒並非若夷齊之高僻也何得謂之逸何得謂之民然不逸而逸是真奇逸不民而民是真奇民逸民有惠逸民之見於周者不益多乎至少連亦周人而僻在東夷夷不先夏故虞仲諸人先少連而誌蓋亦春秋尊王之義云

題頗難於著手文命意既確筆亦踈落入古

其他可能也　四句　楊毓春

不以易能掩所難能孝之所全者大矣蓋人能莊子所能而莊子則能人所不能也臣政不改莊子不加人一等哉且世祿之家鮮克由禮求其能人所能固已難矣求其能人所不能為尤難若乃循世家之分安于職之常考其生平言跡雖多足取而惟此一二大節有足以超越尋常者則信乎根本之地過人遠也曷觀于論孟莊子之孝夫孝固盡人所能而又盡人所難者也觀莊子者曷先觀於其他從來大閑不踰者不可苟以小德孝若莊子其他原自可輕然即曰其他他人能而莊子已無不能也此無庸為莊子

重也從來至性無虧者必不遺於細行孝若莊子其他原亦可觀然第曰其他莊子能何必莊子而後能也此不足為莊子異也然則莊子所能果何在哉人情每厭老成風氣古則憮媚皆形徑直況功高望重不免有積敬生畏積畏生忌之嫌臣而屬之父情所易改也莊子不爾也謂先大夫音容渺矣所以慰遺小子者祗此一二舊人設當删棄之不大傷厥考心乎蓋見臣如見父矣人情每樂表見意氣盛則聰明悉佐紛更況境易時移亦或有變而通之神而明之之說政而係之父勢所必改也莊子不然也念先大夫手澤微矣所以法則後人者獨此二三善政令弁髦視之何

以揚先人烈乎蓋重政即重父矣父臣父政不改如是是莊子所能也嗚呼難矣匹夫堂構是承但使世服先疇即為克家之肖子莊子則更有大焉者閥閱而修語亢宗非才智過人即不能滿乎衆望何臣猶是臣政猶是政不煩變易而固已克蹈先規也此豈僅伐邾平莒為足見其生平哉修士篤恭足紹不過無忘舊德已慰燕翼之深心莊子則更有深焉者年少而驟膺顯位非聞望昭著即不能饜乎人心何臣無異臣政無異政不事鋪張而第覺能遵遺矩也此又豈謝息申豐所能贊其勤謹哉莊子之孝如此此所以為難能歟

前半清機徐引中後切實發揮　起比參用林則張作

咨　　梁棟

欲禪位而有歎情見乎辭矣夫堯欲禪位咨何爲哉然所欲傳者道統也能不發一嘆乎堯若曰吾乃今而歎爲君之難非特爲君之難也爲君而欲更代一君實難之又難蓋既知爲難而惟自懔其難事猶可不言而喻獨見爲難而欲共鮮所難情何由有感斯通吾豈故使人以難又豈苛責人以難哉誠以知難不難皇然思不能默然釋爾吾何言哉吾蓋有不能自已之言吾尤有不易於言之言也能不因之有感乎人時敬授以還熙績釐工似覺無煩顧慮又况莫生蓂出靈貺畢臻即使安不忘危亦何事唏噓而太

息百姓昭明而後時雍丕變亦幾得免憂思又況擊壤歌衢頌聲迭作縱使情深若揭又奚庸咏嘆而長言然而吾深有慨也然而吾獨有思也羲軒巢燧代仰聖君乃綿綿延延經世運之遷流而極盛實難為繼吁足畏也凝續撫長漸幾隆治乃兢兢業業冀新傳之遥接而耄期忽倦於勤嗟何及矣運會之升降微矣哉正閏貞元豈易參稽而得然時難逆料而理有可默參者一二卜幾康風化固由暫以致常七十年惕厲憂勤豈好勞而惡逸蓋自屯蒙既闢以後實見夫幾人稱皇幾人稱帝目覩焉不禁驚心耳雖譽吾者曰放勳而勳業敢言邁眾贊吾者曰峻德而德性詎易愜心

正不徒洪水久儆懷襄睠念下民拳拳焉殷憂難釋也安得不感慨係之淵源之付託重矣哉備甄疏瀹縱云荒渺無稽而事有可憑即情有愈難已者嗣統必讓冢君吾兄何莫續高辛之業傳家非無後嗣我心何別深臨訟之憂蓋自岳牧咸薦以來派夫創固不易守實甚艱涉想焉不勝惕息耳兆背曩者一十六族大則責終分丕績者二十二人人多則任不重更不僅共工難期鳩僝顧瞻予采毀殷焉吁咈時聞也安能不嘆息深之非不知大寶本為公器功成若退無煩四顧而躊躇特無如氣運不能預知臣有難言詎等無端之感喟咨爾舜汝欽哉其毋廢朕命

是題若明點咨字則口吻難肖且與嘆伊始未曾發言倘於點題後再有文字非侵下即離題矣是作識器題巔力透紙背後比參用石金聲語

移其粟於河內

黃登第

粟亦可移梁王又盡心於河內矣夫移粟所以給民之不能移者也梁王行於河內非亦明其盡心乎且周禮之言大荒大札也移民之後繼以通財說者謂財即米粟之屬焉乃者天災流行國薦有而圭磬告罄僅一見之魯莊雍絳繼輸再見於我先君惠公則通財之法之不行也久矣而如河內凶寡人既移其民於河東矣計河內之民二男三女則丁壯以外老凡幾稚凡幾有難再僕數者況河東屬兗河南屬豫相離數十百里其間復有峻嶺大河以限之將移老者以就食則血氣既衰不堪跋涉將移稚者以

就食則膂力未剛難為奔走也而且壯者將去混次之河東又念老稚之不能移者非父兄即子弟復相持涕下不能去蓋至是而河內之計幾窮然寡人籌之熟矣急下令曰河內民無憂河東粟將至於是老者聞而心安稚者聞而色定曾未幾時則見牛棡車載道路不絕者粟也視之如玉積之如坻者皆河東粟也寡人乃又下令曰兩河當吾前予爾河東民載粟而來有敢乘危邀倍徙利者治其罪無赦由是裒多益寡通商平價顧趨老稚咸得一飽壯者在河東亦得食其食無他顧憂則是河內之民向之室如懸磬者猶之農亦有秋矣向之野無青草者依然歲則大熟矣民乃

鼓腹而呼曰行者既糊其口居者復保其生我老稚之無流亡轉溝壑者皆拜吾君移粟之賜也寡人聞之亦頗色慰焉盡心於河内者已如此請先為叟述之

極意描摹栩栩欲活

王知夫苗乎　禦之　　陳丹桂

即以苗喻而天之不嗜殺見矣蓋能槁苗者天而能興苗者亦天也觀於興之莫禦天之不嗜殺不可見乎且有生無殺者天之心也而有生有殺者天之運能生能殺者天之權乃操能生能殺之權際有生有殺之運而出以有生無殺之心則於由殺而生見悔禍之捷即有於既殺而生見感澤之神者而殺之彌苦生之彌甘其象遂宛呈於心目間而不能置天下莫不與與其不嗜殺也然所謂不嗜殺者孰有如天乎試以苗喻大造之生成皆有莫遏之機而機之塞愈久即機之轉愈神故五行二氣從[illegible]釀其厲仁愛

亦普其慈而俄頃之涵濡遂以轉其機而顯然有萬類之發育皆有莫抑之氣而氣之鬱愈深即氣之伸愈沛故木饑金穰望澤覺其艱感恩亦覺其易而須臾之旋轉早已暢其氣而恍然可徵王知夫苗乎七八月之間胡為而槁又胡為而興乎其槁也旱為之而非旱為之天也天既嗇殺苗則苗待雲而興而雲不作苗待雨而興而雨不下是天欲終旱苗無如天何也然而天自廓然矣其興也雨為之而非雨為之天也天不嗇殺苗則苗以無雲槁而雲已油然苗以不雨槁而雨遂沛然使苗仍不興天無如苗何也然而苗已浡然矣如是而猥曰禦也其孰能之物情之無定也易

邀之澤則視為故常難邁之恩則驚為破格苗亦其例耳為念未
旱之始和甘應候化育備極深仁而既渥既優每忘帝力於何有
茲何以作者自作下者自下常施之膏澤經酷烈而鼓舞倍神是
苗之芃芃而盛者直出於尋常耳目外也天方轉否為泰即反
萎為榮亦可知久困之易為恩矣物理之有恒也常邀之惠其感
惠必遲偶被之仁其懷仁必速苗猶其顯耳為想方旱之初和氣
氤氳餘澤尚多滋潤而實穎實栗羣謂物態之固然茲何以猶是
油然猶是沛然習見之青葱經憔悴而彌形秀茂是苗之欣欣
向榮者直在於旦夕指顧間也天既由困而亨[illegible]由剝而復亦

可知物窮之必速返矣天不嗜殺而苗之與之如是何疑於天下乎

氣宇軒昂詞意暢茂

以過徂莒　　王步瀛

因徂莒而整旅過之非無以矣夫密人惟恃其旅故敢侵阮徂共耳赫怒如文王能不以整旅過之哉且王者恤鄰伐暴使寇能往我不能往將遷延觀望何以力遏凶鋒哉乃敵燄方張大有長驅之勢而義旗所指不辭深入之艱是截彼要衝正以誅此羣醜也而王師進討固有難已於行者矣皇矣之詩所云王赫斯怒爰整其旅者豈無以哉其時密國不恭顯敢拒違夫王命當負恃其衆幾欲逞如火如荼之盛輝厥軍容而飲馬共池紛至者且不勝其騷擾厥後阮疆告急尤難斂戢乎兵氣因赴訴於王麾欲藉如貔

如虎之威消其邊釁故出車岐邑啓行者期急解夫重圍王曰咨
蠢爾密人敢行稱亂不圖鄰好不畏大邦惟是矜士馬之雄俛甲
兵之利踰越險阻以憑陵我與國擾亂我同盟所至之區無完土
焉予承天子命忝為西伯得專征伐而顧有以強脅弱以衆暴寡
如密人者釋而不誅不幾謂予有佚罰乎且阮共苦蹂躪久矣兵
不速救患將益深凡吾所以來發有以禁止之詩於是繼詠之曰
以遏徂莒徂征若神禹奉辭伐罪尚有逆命之虞況徂莒意主并
吞其視夏后誓師公私迥判安能聽其猖狂乎王維時其遏之禁
攻有志勿使鴟張弭暴有方勿容豕突薄人而毋令薄我俾樂禍

以力之輩共讋稜威蓋有如止水之防遏其流而不得決也而師出以律遂以開遏亂之先聲伐但若成湯取亂侮亡尚有慚德之慮若徂莒心存殘忍其視商家格衆順逆懸殊安得憑其縱肆乎王維時其遏之疆域各分勿敎侵食版圖各守勿任鯨吞先人即可以奪人使越國鄙遠之徒皆歸懾服又有若燎原之火遏其燄而不得揚也而師出有名遂以導遏劉之先路由是以篤周祜以對天下文王之勇不於此徵之乎

步驟分明詞旨圓潤

大戒於國　三句

王尊光

令出而身俱出將以創典法先王也夫景公非心乎民胡為既戒於國即舍於郊哉興發補不足其以創典法先王也如此且人主苟深居簡出將德音徒布民隱難通雖有法古之心曷溥救荒之惠哉惟溫綸普告坐言即見起行斯鑾輅遙臨損上自堪益下際青陽之令開紅朽之倉蓋與者但率夫舊章而受者已驚為新政矣當晏嬰諷諭之日正先王春省之時賜貧振乏之風叔季久無茲盛典倘非廣頒明詔以昭示遐邇恐事出非常僻壤荒陬難徧識大恩之將降減稅蠲租之令有司祇視若具文使非親履田間

以拊循黎庶恐情多未達耕氓野老安能使厚澤之均沾此景公所以大戒於國出舍於郊也夫景公之出豈出而縱遊觀哉亦出而行補助耶世主馳情遊覽往往藉省方之事為玩物之圖當其諏吉前期萬姓左樂觀德化追翠華瞻道而酒漿之供億比戶徵求車馬之喧闐沿途蹕蹕斯民无顏得覲見何足慰望幸之輿情也景公不能沿此習也盛朝軫念時艱往往從問俗之餘為便民之計當其始和布令翠華巳早冀恩施及玉蹕親臨而草野之盈虛關乎睿念茅檐之疾苦濟以无儲斯民歲序偶乖初穀待賑荒之奇策也景公正從茲此興也蓋遊觀之樂不敢終興發之事於是

始矣不足補之所為大戒出舍者以此須粟原非破格之恩盛時視為常經衰世則成為創舉想當日舟鮫有守衡鹿有官山海之利權盡歸公室茲何幸上申錫命即下免困窮乎七萬家待澤方殷奚惜太倉之積二千里望恩王亟為開御廩之儲乘陽氣以助生機姑尤聊攝之閭當有聞風而起者詎不圖今日復覩先世規模也一國之民不於是始蒙實惠哉賑饑本屬尋常之政今日垂為曠典後人君奉為嘉謨想當日豆區沽名釜鍾市惠閭閻之愛戴久屬私家茲何幸渙汗初傳而屯膏遠播乎水溢旱乾關氣數重煩主上彌縫祈寒暑雨多怨咨惡賴朝廷補救際泰和以符慶

賞袂幕祉惟也衆當有禱祀而求者謂願服先疇永享本朝德澤也四郊之遠不於是而始沐殊施哉固是民氣樂而頌聲作矣

著眼始定文亦秀發飛揚

昔者文王之治岐也

王步蟾

王政有行於侯服者而治岐可溯矣蓋文雖未為王而王政實自文始也觀其治岐孟子所為溯及之歟且論治而過拘時勢謂侯必難進於王自隘規模謂今必異術夫昔非特圖功之隆仰亦考古之疏也蓋神靈之統雖屬天朝而綱紀之垂不遺藩服古聖人偏隅啟化有以一方具一世之規者盛治非遙於今為烈已王欲聞王政乎夫齊之王周之侯也古豈無以諸侯而行王政者哉臣思昔者神禹總師政垂安邑成湯受命政起亳都子姒遺徽非不足徵化理然遠稽勝國不如近考興朝也懷瑞應於鳳鳴王化有

基祗在撫有西陲之日君維昭考政著鎬京桓有元公政敷洛邑
武周盛烈非不足驗經猷然大定之朝何如肇基之主也仰皇圖
於鶉節王猷伊始祗在顯於西土之年臣思昔者臣蓋穆然於治
岐之文王矣獨是文之治岐有難焉者地既非京師首善之區則
僻宇方隅豈易以治化之宏徧乎宇內又況狄北窺而戎西逼久
深邊警之虞崇亡僭而密內侵歟切邪交之誼則撫岐陽之危壤
豈易使邪固其舊命獲其新心又堅明聖天王之戴則遭逢暴主
詎敢以浮游之蠱私結轉情而且蒙難著乎艱貞羑里困備遭疑
謗專征膺大錫命洛西獻反削封疆則守岐豳之微區何以使德

也。不。懷力也。不。畏。則。當。觀商辛之季而知文之治政可思焉王室

如燬以衆。助法亡而治規壞師保黜而治本失鉅橋作而治賦煩

以至陂池擅利炮烙施威傷賴尾於鮪魚誰與蘇蒼生之困者何

以。伐。汝。墳。之。條。肆。慨。念。若。微。父。母。孔。邇。之歌乃獨聞於江漢也

蓋其治必有正而公者與地方百里而化被六州談治績於當年

何必誣以改元之說哉又嘗觀列國之衰而見文之治岐可法焉

王室既卑而後汙萊嗟而野不治薈蔚譏而朝不治杼柚空而財

不治以至魯也濫淵晉也鑄鼎咏哀鳴於鴻雁孰與追懷假之不歷

乎何以瞻山隰之榛苓與懷彼美視民如傷之隱亦可見諸肇造

時也蓋其治必有詳且盡者矣候度克修而皇風自暢操治心於往日何必滋夫行善之疑哉進舉其目王政之行其即明堂之所以祀也夫

穠纖得中修短合度揣摩純熟之候

當是時也

許駒

時為避狄之時非古聖難以當此矣夫避狄之時當之非易易也然好色若太王不可即是時觀之乎且時之所遭至無定也人主肇造國家有安樂之時即有患難之時就安樂而不防患難則已見為安樂之時人且慮及患難之時矣處患難而能知安樂則人見為患難之時已方視若安樂之時矣時豈真無定哉亦處之者之自為無定爾爰及姜女聿來胥宇詩言如是是太王固好色者也臣誦是詩臣念是時矣然而太王初不料有是時也方其衾裯眷戀無閒晨夕之歡所謂琴瑟在御莫不靜好者正其時矣何意

播越征途而燕笑之居諸到此不堪回首然而太王正不樂有是時也方其枕席歡娛備極唱隨之樂所謂黽勉同心不宜有怒者又其時矣詎意倥偬戎馬而寬閒之歲月至今倍覺驚心是時何時蓋避狄時也臣乃極不忘夫當之者人君值倉皇出走之秋其窮愁倍甚於平日嘗見暮年荒急祇圖娛樂於深宮忽而鼙鼓一聲宮車四出而辟衣就道有竟貽六軍不發之憂者於以知時處艱難非處置有方不足以云當也人主際倉卒蒙塵之日其景況倍苦於常人豈錦繡恣遊觀但博歡娛於嫱婦一旦邊氛驟起王氣全消而御敵無人有竟成徵召不來之變者於以知時逢匆遽

非籌維有素不可與言當也而臣以觀太王第見其當之而若忘為播越之時焉行李往來櫛沐非無風雨長途跋涉閱歷亦有星霜多情如太王豈當是時獨無顧慮乎而乃挾翬翟以偕行一若為一己計者在於是時不但為一己計者亦復在是時也曷不即是時而結想深之則見其當之而不覺煮紛擾之時焉臨歧躑躅負繈而從者幾人也道傍徨攀轅而隨者幾輩厚愛如太王豈當是時獨無慘惻乎何以肇中宫以就道一若為一家謀者必於是時不僅為一家謀者已不待是時也能不即是時而設身處之然他其時內無怨女外無曠夫也好色又奚病焉

仰承俯注、不脱不粘、中二比尤覺獨開生面、中比參用劉鴻漸作

非謂有喬木之謂也　沈國濤

有更重於喬木者，而故國非謂是矣。夫喬木而有於故國，固也。然以故國之所謂乃在是焉，則豈其然？孟子故先決其非歟。意謂臣今者爲王言故國，誠以國而曰故，不知幾經培植之功而後得奠苞桑之固也。顧遞爲培植者相承至數百代，而遞而與同培植者所託僅數十年之中，使第執蔥鬱之形以驗靈長之祚，謂國所與立僅在是焉，恐未足語[illegible]論也。王知故國之謂乎？請先徵之喬木。溯先世受封之始，各樹以土地之所宜，我讀唐風，樞榆猶在其懷；衛國梓漆如新，知佳氣蔥龍，固隨礪山帶河以俱古。念郡朝綿造之艱誰不仰栽培之有自芃芃棫樸人誦辟王濟濟楷樸民思豈弟覺神皋茂育亦與神孫聖子以同綿審是是故國之有喬木固其所也而奈何有以非昔故國之謂者謂夫行南國者仰甘棠慕西京者思郇黍祇兹藹福足見先公手澤之存況國勃之林非一日所能造就當雜投良楛必有經精淨之鑑別始不若凡材朽腐莫邀灌溉於天朝者則喬木似亦宗社祊所託謂夫憂放逐者怨菀柳憫衰微者慨苞稂僅此柔姿每增氣[illegible]盛衰之感況棟梁之任歷艱險愈見貞操當資用斧斤必有待厚澤之栽培始得以老幹離披自保天年於勝地斯則喬木亦爲祖宗垂裕所關此

以喬木謂故國之意也。王試思之，是耶非耶？以喬木日暄雨潤，縱云多歷歲年，所謂攘之剔之者，不過一場師之事。如謂為國之楨、為國之幹，恐喬木將有所不敢當。且喬木繼長增高，縱令久經日月，所為勿翦勿伐者，不過祇留憩茇之遺。如謂國所維繫、國所憑依，恐植喬木者又有所不及料。今試過勝國之墟，為問新甫之柏尚存乎？徂徠之松無恙乎？天心已去，喬木亦祇供好古之摩挲，可知國治有使之治，非喬木所能自主；國亂欲制其亂，亦非喬木所能有為也。夫喬木其小焉者也。今試考本朝之迹，為問高岡尚有梓乎？豐水尚有芑乎？周德日微，喬木亦且慮本根之搖動，可知國盛

得並其盛非喬木所得任功國衰莫救其衰亦非喬木所甘任過也夫喬木其輕焉者也非謂有喬木之謂也有世臣在而故國之謂可思矣

筆能騰空故涵蓋處俱見恰好

為巨室　小之　　張延勳

以為室論異乎斲木使小者矣夫巨室之為必得大木固也斲而小之王何既使工師而復代匠人哉且欲成大有為之業必得大有為之材而世之用材者往往未成而以小試大受而責以小知此何故哉蓋生材者天天無所靳用材者人人不可知至求材於需材之時而竟枉材於得材之後是用材與不用等有材與無材等也何取之之難乃[illegible]之之易也請以為巨室喻夫巨室豈易為哉意者召公為之卜宅周公為之定基康叔為之塗墍茨傅説為之操版築而凡執斧斤操刀鋸者莫不顧而卻步以為是役非

吾儕小人所能為矣果爾則求大木而使工師非王所必出此哉獨是大木常有而知大木之工師不常有故嘗有天地所毓秀川嶽所鍾英潛滋暗長以戕其人者每見屈於庸耳俗目而戕伐之者有人摧殘之者有人思中傷之者有人致使匿跡銷聲終老空谷不願輕試於斤削以損其材此大木所以難得也茲何幸王所使之工師乃能輦而致之門下耶今而後喜可知也夫王曷為喜喜大木能勝巨室之任即使工師能得大木之材也何意王喜工師遂有嫉工師者王喜工師得大木遂有嫉工師而並嫉大木者哉斲而小之之匠人亦欲收工師之績耳雖曰向求大木不使匠

人王已知匠人之不可使而竟以斲之者使匠人安知王不以小之者亦匠人乎臣於是為大木惜臣於是重為王咎天既畀輪囷之質散植於海澨山陬在雲杪者方不勝遺材之感一旦出嚴阿而登廊廟明知棟梁難任而猶欲以短馭試其長才遂令魁梧奇偉之姿不能自全其美質是彼蒼之生是使獨者轉不如脆柔弱植猶得以天年終也則昔日之搜羅復何意哉物既具楨幹之資自屏於深林鄧谷在在有者願甘處棄材之班一旦辭草澤而貢闕廷方謂砥柱可為必不至以遠志視為小草至於剥削摧傷之下無由一籲其奇冤是爾時之輕許受知者轉不若偃蹇空山尚

得以散神老也則當前之覽識豈有真異蓋小之者匠人而使之斲消焉也王雖怒匠人其如以美材付拙工竟令不勝其任何哉

握定使字為下文字字見影入後蒼涼感喟寄托遙深

他日君出

王步瀛

不欲君之出者因念及他日焉夫君出亦常耳況在他日乎倉獨追溯之殆不欲君之出而私以為例歟且人主深居簡出豈好為是尊嚴哉蓋舉動在一身係事宜存其慎重即流傳在一國後人每據為常經雖事過境遷當局者已習而忘之而夙奉清塵要自有不能忘者在也而知事之不容忽者孰有如君之出哉以君統承宗祖累朝之基業攸關時而社稷安全正當以清淨享無為之福豈宜頻勞出舍重煩跋涉風塵以君位冠臣民萬姓之觀瞻所屬幸而國家閒暇方欲以優遊成無事之休奚庸多事出行不惜奔

馳道路是則君固不宜常出也然君亦豈能無出哉倉蓋極不忘
他日矣明亦知一出已歷多時不必再為追憶然君而僅此出呂
固無煩追憶君而不[illegible][illegible][illegible]安得不追憶乎平時奉侍闕廷常
恐以袞冕之榮致失森嚴體統而留心伺察往事猶在目前能勿
念他日而爽然明亦知一出已成故事無庸更費追思然君第就
出言出出固不必追思[illegible][illegible]以出例出出何能不追思乎夙昔趨
蹌宮禁常恐以輪蹄之瘁[illegible][illegible]頗養常經而加意維持往境猶懸
寤寐得嬉溯他日而皇然姑無論出而會盟出而征伐他日之舉
行大典者每出足繫懷來[illegible]分圳館離宮出遊以娛[illegible]目臣亦嘗

追陪其側忝居侍從之列而稍久追維猶得從某月某年參考起居之注又無論出而視學出而親耕他日之偶展隆儀者每出實煩想像就使平原曠野必務[illegible]恣游觀臣亦嘗奔走其傍幸廁師徒之列而及今覆述猶昔下以一遊一豫同猶扈蹕之時何也他日君出必命有司所之也今也不然臣能不以為請乎

筆情韶秀詞旨輕圓

他日君出

鄭吳琉瑜

不欲其君之出者特例以他日焉夫平公之出國無與於倉也然有為倉所不欲者所為例之他曰鄭若曰在昔馬蹻蹻鑾噦噦穆穆魯侯嘗以戾止傳矣其戾止猶既出之後也廟曰載色載笑則共欣其出矣曰泮林泮宮則共喻其出矣曰獻馘曰獻囚曰獻功則其出非苟出又共重其出矣為人孫子可不法守祖宗乎雖然倉觀君之臨幸往事亦不可得者今夫人主高拱法宮采色足以娛目聲音足以悅耳便嬖足以使令於前臺池鳥獸之樂日不暇給國當養尊處優使人知軒冕為榮泥塗為辱而後草茅寒畯不

敢起而傲之蓋深居簡出凡為君者類然也君何獨不然陛是校射遊田亦君人所不廢故當羽毛有耀弓矢斯張其足快人心意者倉囷當列於侍從而以[illegible]其威儀即如春秋補助亦君上所不遺然當綠野勸農青旗載道其不駭人聽聞者倉亦嘗厠於冠裳而覘其典重特此皆他日事耳後世之君有樂於盤遊而微行畿甸者然舍廟堂之貴而下騁於原野不蹈憂危亦大損其威重而倉之扈從於他日者固不以[illegible]為危虞後世之君有耽於狗馬而私幸臣家者然降殿陛之尊而潛蹤倖僕即不流[illegible]褻亦終涉於嫌疑而倉之追隨於他日者又[illegible]以是為君慮蓋君固宗社所維繫

者也人主一時舉動苟有不當於宗社必有執簡而爭者倉於他日
未敢執簡而爭也蓋君之重念宗社而不虛出也可於他日徵之
也且君又民生所屬望者也座一事乖違苟離解於民生必有
伏闕而諫者倉於他日矣開伏闕而諫也是君之慮及民生而不
苟出尤可於他日驗之也是故臣之於君入則侍出則從君之出
倉亦幸得陪驂矣則雖事過境遷猶如見儀容之盛況臣之於君
言必記動必書君之出入雖未能載筆乎然當清塵灑道猶得聆
謦欬之聲何也必命有司所之也今顧何如者
攝下意於筆先而出以雅飭人皆叔叔我獨恢恢

三里之城　二句　鄭亨

論地利而及城郭若有不妨於小者焉夫地利莫如城郭然亦惟大者可恃耳三里七里毋乃小甚孟子意謂今諸侯王擁地數千里大抵皆城郭之國也不知形勢關乎屏翰固貴有寬大之規藩籬在於邊陲或第在彈丸之細世主開疆拓土雖皆以保障自憑亦何妨即勢所最難憑者極為擬之耶今夫言地利者豈不貴有城郭哉必謂犬牙相錯無事垣墉冢突弗虞無煩拱衛何以鄭之管有必掌原之陴有必登也輕城郭而不屑修完覘國者得毋疑其失勢然謂雉堞宏張乃堪保聚虎牢雄峙乃足屏藩則是完必

待乎藩師成必資乎召伯也論城郭而務期廣大固圉非能勿笑其拘墟則有如城乎人人所係社稷所關城未可隘也若徙以三里見則布可懸而上不待蟻附之施旗可奪而登無須叔盈之武尚得云重閉乎聲威之壯端在規模三里而亦指為城也其規模可想矣則有如郭乎邊賴以險圉賴以守郭未可廢也若僅以七里閈則即樂從門而來也覺孤危難依縱少入郭而寇亦虞保守維艱尚得為要衝乎扼塞險多資形勝七里而亦倚為郭也其形勝可知矣西是有自危其小者謂渠邱恃陋難免潰於庚申偪陽抗師亦且亡於甲午不必三但七里而已有難守者何僅以三

里七里為也豈必拙於運籌三里則籌不易運豈必疎於防患七里則患不勝防踏地跼天吾知旁觀者方深扼腕之嗟當局者亦覺隱憂之切也曰城乃僅有三里郭乃僅有七里由是有共幸其小者謂臨淄巨鎮且可入其郎輿淶涓雄藩猶復馳其逵路不僅三里七里而猶有可圖者況徒以三里七里限耶折衝即有武士三里曷足恃折衝控制即有勇夫七里曷足憑控制勢孤形隘吾知守小者或重矜憐之念爭雄者不勝希冀之思也曰三里何足言城七里何足言郭如是而攻勝之也決矣然而有不必然者

丰姿摇曳詞旨輕圓

焉有君子而可以貨取乎

陳秉乾

以貨取君子反言之而見其不可焉夫以貨與君子即以貨取君子也明其不為貨取則齊餽之所以不受不可見乎告陳臻曰世之奔走天下士者吾知之矣謂先生從吾遊居必華屋也食必太牢也妻子衣服必麗都也詡詡然懸利為招一二寡廉鮮恥之流於是有受其牢籠而不覺者嗟乎此士氣之所以日靡而主術之所以日驕也要不可以例君子夫君子固辭受不苟非利所得而動者也茲乃以餽之者貺之何為也哉謂經生淡薄未能給足於晨昏因出內府之蓄藏聊相投是陽為奉之陰為致之蓋將以

此為羈縻也謂旅館淒涼未必豈盈於囊篋因託多儀之焜燿默
示敬恭是貌為尊之□市之殆將以此相籠絡也所謂貨取之
也曾是君子而顧見其可哉且夫世亦自有可以貨取者極目七
國之中其貶道干時者何衆也上書不效入秦者淪落而歸擊筑
無靈遊齊者憔悴而去苟動以金玉錦繡豈有不涕泣而感恩縱
論列邦之士其貪位慕祿者何多也九國請行毛遂不羞於自薦
過都求仕吳起竟忍於棄親苟示以位尊金多孰有不俯伏以聽
命然此皆非君子也而如有君子其人者其乎□辨義甚精剎祿
不足紛其志萬鍾千駟早已視之若無夫何有於區區之畀其居

恒抱道自重財帛不足動其心尺寸錙銖亦復避之若浼又何有於逐逐之為明亦知聘賢豪而禮陳白璧招俊乂而臺築黃金君子本非絕人之取者然以禮文感之非以財賄招之也如謂其可以貨取也則是漫相嘗試欲默動其馳驅諏效之思君子縱不遠人情亦焉有如斯苟賤也乎非不知歌鹿鳴而鼓琴鼓瑟賦維駒而永夕永朝君子亦樂受人之取者然以愛敬將之非以商賈待之也如謂其可以貨取也則是謬託殷勤將以搖乎降志相從之務君子縱薄於自待亦如是卑汙也乎而可以貨取乎明於君子之不可貨取則予所以不受餽可曉然矣

一氣卷舒工於蓄勢

陳秉乾

若夫潤澤之

政有當潤澤者貴即大略而進計之焉蓋非澀滯則井田之法雖善而未盡善也卽大略而進計之庶足補所言之未及云且人主體國經野蔑古人之法與泥古人之法皆不善用法者也善用法者有時與古合而法得其宜有時不盡與古合而法並形其妙蓋迹象運以神明其理自在古人範圍之中也其事實出今人創制之上矣吾爲滕言井地而約舉大畧如此此在開阡陌闢草萊者勢必惡其害而阻之兹不患阻而不行而患行之不善耳歷代人情異尚更於昔之不便今則所以參伍而整齊之者不容

已也也任甘小弱就偷安者情必長其難而廢之不舉亦不慮廢而不舉而慮舉之無　且方土俗異宜合於也　不合於彼則所以增損而廣狹之者更有在也不然三代以下去先王之世遠矣封建即與井田相表裏拘成見則王制祇屬迂談學校雖與井田相始終國陳編則官禮亦為弊政蔑古不可也泥古亦不可也若夫隨事化裁行其意不拘其法則亦損益合乎權弗淳乎經蓋非潤澤之不為功章程當復始之時必舉疆域之參差奇零總籌其全局數之九者何以與明堂相準數之十者何以與軍制相參其不可以固執誤蒼生者即不可以縱橫傷地利也斯斟酌貴極

精詳矣制度值更新之日必隨風氣之剛柔輕重黙運以精心水
旱有不齊之數則道在因天肥瘠有不一之區則法宜因地其不
容以峻急傷元氣者即不容以滅裂壞良規也而折衷必歸至當
矣是蓋有觀其通者焉郊内有六鄉之名何以計畝授田九夫明
言於周禮郊外有四野之地何以分廬定界十夫轉見於遂人可
知觀其通者用貢之法而可井則井周助之法而非井亦井殷因
於夏所以別有化裁也苟增減得中夫何乖於舊制哉是又有神
其用者焉一夫百畝八埕何以山林之間九里以宅於九度一
井八家有定制何以藪澤之也下墟轉屬於八鳩則知祈其用者

可井之處雖井而不沉於井不可井之區雖不井而可通於井周因乎殷所以不忘哉西土而形勢可辨何容敬以人心哉是所望於君與子矣

擷經之腴而以議論出之聲情激越格律沉維可與耿壽昌屯政編並分一席　起講提比參用葉大年作

舉舜而敷治　之江

王尊光

君擇相相亦擇官火政脩而水功奏矣夫舉舜而敷治堯之勞心也舜又以掌火使益水功所由奏於禹歟且為治所以賴相臣者為能救民水火之中勞其心以除民[illegible]心傾相臣總其成尤賴羣臣分其職當夫濬哲徽庸羣僚效命覺虞官兼火正而梗道者可以無憂亦崇伯作司空而安瀾者於焉有慶矣未平之天下堯何以獨憂之哉憂夫共治無人物患無自而消即水患無由而息也舉舜敷治堯非使之分勞乎蓋治功必策其全觀巨[illegible]之無[illegible]貫有助以為虐者豈廓清者[illegible]陷或[illegible]煩治術貴謀其始計狂瀾之宜

[illegible]

挽必有開乎其先者。灑沈澹災始堪藉手。蓋欲治洪水非先得掌火之人不可也。舜曰咨予宅百揆四方之治雖尤艱顧使深山大澤間為禽獸藪後之旅九山陂九澤者共道曷由且下民苦昏墊久矣冀州三面距河為患最甚外此兖患濟漯豫患汝徐揚患淮泗荊患江漢予不能任人圖治其何以分憂於帝益汝作虞兼火正山澤有禽獸汝其焚之予乘良伯禹作司空平水土凡水之可注諸海與可注江以入海者俾權宜行事無貽舉者羞由是益乃告烈山焚澤之功由是禹遂著疏瀹決排瀆溢水之源由山而發山多雜卉隨山者每苦其塞途彼河肇崑崙濟原王屋漯起大伾北地多山其以山為發源之所者無論矣即汝出於天息而漢亦由嶓冢而來淮出於胎簪而泗亦由陪尾而至藉非舜使益焚山之後則勢或阻隔亦烏知孰為汝漢孰為淮泗因以注海者分其勢且以由江入海者合其趨而九山何以刊旅哉水之流以澤為歸澤盡深叢定澤者將迷於所往彼河過洚水濟溢滎波漯通雷夏北方有澤其以澤為歸流之墟者無論矣即汝漢不同州而汝且從南入漢淮泗不同域而泗且於東會淮藉非舜使益焚澤之餘則形易紛亦烏知若者宜疏瀹若者宜決排乃以注海者淆其對且以由江入海者祛其塞也而九澤何以既陂哉

此數治之勞心。見於今古者然。猶不止此。

中段疎宕入古後幅指陳水道如觀掌上螺文

舉舜而敷治　之江　林雲章

以聖舉聖水火皆勞其心矣夫舉舜敷治堯之苦心也觀於使益與禹其掌火治水舜之勞心又何如耶吾觀郅治之朝乾坤奠定不特其臣獨賢亦其君之求治甚切也蓋天子職在擇相故才能並出為兩間一瀉其災相臣職在任官故先後宣勞使既濟交呈其象天地平成非易易矣禹弗於淵數一空之後逆流效順之時為驗用心之良苦耶鳥獸逼人由於洪水氾溢堯何以獨憂哉蓋憂夫禽獸洪水未易使各得其所也夷考當日則以[illegible]敷治聞四門既闢以還當世之[illegible]而才乏[illegible]假令疇咨未屬何以相助為理

用成俾乂之謀知出令乂推神聖也九載汩陳而後宇宙之患氣彌深假令分任非人何由濯與有成力除民物之害捍衛治尤賴良臣也蓋惟敷治莫亟於洪水而治水非烈山澤不為功舜爰使益掌火焉凡盤據山林者烈而焚之斯高原之禽獸逃矣凡依附草澤者烈而焚之斯窪下之禽獸匿矣而禽獸之害以治由是洪水可得以言治而治洪水非注江淮不為功禹乃繼益為治焉於水之急者導之使分疏瀹焉而九河濟漯咸注之海矣於水之緩者殺之用猶決排焉而汝漢淮泗咸注江以入海矣而洪水之患遂治千古聖功迭奏必相得而益彰不特舜既受舉責在求賢也

即益能掌火而非疏決勳於後何以見一炬之功禹能治水而非焚烈開其先何以奠九州之位可知火烈具舉而天地高卑咸呈其象水土既平而山林叢薄無待再圖古聖人竭慮畢生而僅以一事成名者惟相濟乃克有濟也[illegible]艱大之業必獨任而後成不特舜之敷治事難兼顧也即益以掌火著初未嘗於焚烈之後更任隨刊禹以治水名要不必於疏決之先自揚炎烈可知水與火各肩厥責始之無妨獨專禹與益共奏厥功終之遂成兩美古聖人一事分勞猶待擇[illegible]而任者亦擅長之難兼乎[illegible]心於舉樂舜勞心於使　與禹共[illegible]是時之念無已時也舜[illegible]用

人。禹益之治在水火、故治之功、可先覩也。至是而中國可得而食焉。此大人勞心之事、耕云乎哉。

舉重若輕末二比眼光四射風格遒上

居天下之廣居立天下之正位行天下之大道得志與民由之　　歐陽莫

學有以天下為量者可驗之得志時焉夫廣居正位大道固民所莫能外者也居之立之行之不可進驗其得志時乎且自曠仁宅而游說王庭踰禮門而鑽營人爵舍義路而誤入歧途縱橫捭闔者流夫固自鳴得志矣有天民出焉以大器量涵天下以太範圍示天下以大裁制宜天下而即以大經濟達天下斯其心曠然其理秩然其氣浩然遂覺其志於天下而無適不然時至今日儀行誠行志也而觀其所與民由之者何其囿於私心而不廣也偏

於詭行而不正也封於小智而不大也則曷不思夫以天下為量者其讀書養氣原不必以得志自期而極目生民之溺共之救立達存其願懋溢裕其原時措妙其用當夫隱居求志已與民有隱隱維繫之心其行已立身更未嘗以得志為快而睠懷民物胞與深之故有容以擴其心有敬以立其體有執以定其衡當其養晦待時已與民有息息關通之隱則試徵之所居恢慈祥之宇方寸具有乾坤流道德之輝宫牆莫名美富為問天下之居有廣於此者乎而片念之包涵蒼生托命矣則更徵之所立深秩敘之原防閑獨守凜大中之矩率履罔愆為問天下之位有正於此者乎而

一己之齋莊羣倫矜式矣則進徵之所行化拘墟之見適莫胥捐消反側之風蕩平自納爲明天下之道有大於此者乎而寸心之揆度庶類裳休光化不必皆得志時也而方其得志有不本所居所立所行而與民由之者乎使其預期得志而始以所居所立所行課其修猶僞也夫爲學亦求心得耳一旦得時而駕其公之一世者皆其勵之當躬者也故以廣居護民而帡幪樂夏屋矣以正位定民而會歸識皇極矣以大道示民而正直遵王路矣不負學亦不負民而一切雜霸之謀有必黜抑令時當得志而僅以所居所立所行者善其身猶隘也夫爲學亦期有用耳亦既出身加民

其裕之平居者皆可見之行事者也故納民以廣居與抵掌華屋者異矣範民以正位與曳裾王前者異矣率民以大道與奔走侯門者異矣盡吾性以盡民性而一切富強之術有不矜不幸而不得志焉亦獨善其道已耳豈遂易其所居所立所行之素哉

機神一片舉止大方

盈科　葉大年

科以注水可先觀其盈焉夫水非終歸於科而必先注於科也不觀其盈時乎且論水者不觀其流所先注不知水之所由來也不觀其流所先注之地不知水之所從過也惟即其流所先注擬之且即其流所先注之地徵之乃知源源而來者雖不以此地爲止未嘗不以此地爲先矣以混混之原泉而不舍晝夜此其濫觴於始流者得無遇坎而先止乎惟然可設一科觀蒙泉有養正之占而譬諸在山者必濟以出險知逢源無分左右何必於就淺就深之頃驗其停留淵泉爲喻德之象而呈於時出者皆本於積中故

就下無論東西要必於漸推漸滿之時經乎坎窞何也科圓為水之所止也水不必常在於科而未始不在於科科豈能盡納乎水又何嘗不納乎水蓋先見其盈云觀未盈之始科不能導水而强之使來水未嘗為科而急於一往人第見科之未盈而不知科雖未盈實與水隱然有相待之勢則未盈特其先焉者也迨既盈之際科惟順水之流而不辭乎水水亦惟因科之納而暫入於科人方見科之既盈而豈知科雖既盈第於水為適如其量之遭則既盈亦其先焉者也是非科之有期於水也藉令為科者廣大內涵將望洋而嘆無所見為盈者即無所指為先盈惟是科猶是科非

水所會歸之境水祇此水以科為先到之區則渟蓄本任自然水之盈初不量科之淺深科之盈亦不拘水之緩急其流灌不竭者早於此科作之先也其盈也亦幾同等級之先登焉已矣亦非水之有期於科也藉令為水若氾濫橫流將向若而驚無非見為盈者即無所別為先盈惟是水先注科既限於勢所必及科先盈水祇循乎量所本然則瀠洄原無止境科於水僅為水之偶經水之盈實為科之常象其相投無心者第於一盈肇其先也其盈也亦不異程途之先至焉已矣蓋其盈也特其先也其後不漸進而至於海乎有本之水此其所以可取歟

涵照下文語無着相

坐以待旦

劉良㴩原名殿鵬

元聖急於所施，不徒幸其得也。夫旦似不煩於待也，況坐以待乎？周公不然，其急於所施如此。且人於急欲行之事，何時為可緩之時哉？無可緩而緩之，則所欲行者猶虛；有可緩而緩之，則所欲行者仍未切。惟視無可緩之事，並無可緩之時，斯不敢緩於可緩之時者，正急於行所欲行之事矣。不合而幸其得，公於三王之事，亦兼而施之而已矣，尚何待乎？然其時固猶然夜也，未丈未央，維不敢為尋常之寢息，而考究既深，中心有獲，猶不曰汔可小休，汔可小康。然而公乃猶然卯也，若聞若見，方不勝勉企之勤勞邪，併求

所在素願既償亦惟是席不敢安被不遑煖公於此蓋有不坐焉
而不得者並坐鼓簧並坐鼓瑟詩歌之坐坐誠暇也公之坐則冝
遍而不見暇異席而坐重席而坐禮傳夫坐坐其常也公之坐於
爲暫而不爲常何也蓋坐而有所待也遂相傳以為坐以待旦云
朝既盈朝既昌賢妃警畏情深旦固在所不忽若公則殷殷欲試
要別有宵衣問旦之情燎晣晣噦噦大君視朝念切旦亦在所
不忘若公則汲汲難寬尤不失平旦常存之氣遵少安毋躁之文
坐待者似形其急而有不得謂之急者欲勤西土之施深蘊東方
之旦豈得曰我心實勞我心實獲遂可以息偃在牀凛欲速不成

之成則坐待者亦迂其迂而實不可謂為迂者欲為鴻渚之遵難緩雞鳴之起誰敢曰東方未明東方未晞無妨於乃安斯寢凡事有可寬則待是公之待雖欲速而尚近於寬非寬也旦為之也蓋時愈寬而心彌亟矣凡人惟可安則坐是公之坐雖甚勤而猶近於安非安也旦為之也蓋身雖安而心則勞矣此公之急於所施也其所以存之又如此

手腕輕靈意義周匝

吾將瞷良人之他　　王步蟾

瞷夫者欲窮所往，而所見異於所聞矣。夫齊人所之，奚可為妻瞷哉。乃瞷之而見為乞也，其異於所聞如是，且事之不堪令人見者，皆謂莫予云覩，故伺其所之耳。抑知人果未嘗墜行冥冥，則所由皆正路，所稱皆正人，所為皆正事，雖欲窺其隙，究亦無隙可窺，否則詭秘之行蹤既招疑於同室，恐生平之醜態將盡露於崇朝也。齊婦之疑其夫，特以禮尚往來，久盼嘉賓惠顧，情殷投報，未聞青客傾談，而良人醉飽終朝，乃若有餘歡不已，他顧耳，安識所之之地，所食之家，果為富貴否，果有榮施否，誠然此皆齊婦意中事也。

雞欲無瞯烏得而弗瞯維時東方未明顛倒衣裳其妻曰起何早也其妻曰吾有所之也吾不之他吾將之良人之所之而瞯之也然而出門惘惘投足何方行道遲遲憂心如擣微瞯之故胡為乎中露乎未幾轂擊肩摩人聲喧雜意良人多猶一國必有班荊道故傾蓋言歡者乃久之而立談卒無與也異哉通都大邑也相逢者竟不相顧耶抑良人平日所亡不在市井閒耶至是愈不得不瞯愈不得不從矣俄而至東郭門齊人出郭竟去婦已心訝之然猶意顯者性樂山林居多負郭與良人有雞黍約故至此作竟日歡耳乃復施從行數百步荒涼墟墓滿目蕭然噫嘻此非墦閒乎

哉。於是有祭於野者拜者拜獻者獻而齊人睨其旁久之眈眈然
逐逐然若不遑他顧而僅謀果腹者又若急欲他顧而迫於分甘
者果也乞餘不足又顧之他斯固其瞷之之初心所萬不及料者
也猝然遇之情何以堪嗟嗟嗟壁吹竽先生太濫朱門彈鋏食客
無能大丈夫不受人憐且有甘守窮廬鄙夷不屑者而乃冷炙殘羹
嗟來忍受吾意齊婦於此必有悔卑起之彼勞嗟施從之無謂疾
趨東郭遂之國中惟恐揩閒人知之呼為乞人婦者亦迴顧其[illegible]
則已不知其所之也齊人已矣其如此瞷於何哉

循題布局穿插自然

玉屏詩義　下

吾聞其以堯舜之道要湯　曾士玉

即以要論元聖有異乎人之要之焉夫要則非道道則非要固也然尹乃學堯舜者得毋即以要湯乎孟子所聞蓋如此曰以古人必無之事而欲以相誣即力卞其非人不我信要於古人無損也蓋其所挾持甚正所感召甚神有不妨掩古人之直以就時人之論者而古人之實若可誣矣而古人之實於無見矣聖人之行歸於潔身然則尹曷嘗要湯哉然要湯何不可觀尹哉歷官歷賞之朝名器豈容輕假斷不至夤緣有術即畀以大權顧何以元聖登庸夢卜不詳其軼事似道迳引創戒由於自結主知載旆隷鉞之日

亳邑雖急需才亦不至迎合有人遂成詭遇顧何以空桑釋褐薦

剡不著於商書知契合獨奇必有以別邀帝簡然則以要湯論尹

固知其必有以也知吾所聞蓋以堯舜之道云堯為帝摯弟而踐

統平陽論者止推原於傳及初不聞以文武聖神之德竊伺升庸

然創其道者非以梯榮而師其道者實因以得位何妨即得位之

故為尹一證其由舜為聲聘二而受終文祖論者惟推本於觀型

亦不聞以溫恭允塞之修闇干大寶然傳其道者非以干祿而于

其道者儼藉以進身何妨即進身之階為尹一明其術謂深山祇

污臣之經世固有自高聲價以學道為要之之媒者尹不若是也

精一危微之統緒藐躬實任仔肩而氣類所通聖敬若爲之感動知所要有深焉者矣况乎商室非無俊乂而聿求者獨在有莘是湯本非可要之人惟尹乃有要湯之術也左右商王尹所爲獨有千古哉處士尚標榜之風世固有藉甚聲名以抱道爲要之之地者尹非其倫也禹皐稷契之經綸當躬實儲偉畧於神明所契智勇自爲之合符知所要有大焉者矣况乎夏廷亦傳五就於無怫者獨在商家是非湯無以爲要之之君亦舍道無以爲要之之具也咸有一德尹所爲專美有商哉吾之所聞如此猥曰割烹乎

要字說得活道字有得重思雙清虛實兼到

伊尹聖之任　二句　王步蟾

有見為任與和者別乎清而各成為聖焉夫任也和也異於清者也然其為聖則同耳伊尹柳下惠不與夷各造其極乎且論聖人者不觀其抱負所存無以見聖功之偉也不驗其襟裹所蘊無以明聖度之宏也自命者君師之責以身荷天下而非獨潔其身兼容者天地之心以量納斯人而不稍隘其量嘗仰阿衡之盛烈懷展氏之芳蹤覺志節雖異懷清而品詣均為造極爾則試進自夷而更言伊尹柳下惠耕莘苟以清操為高則一介常嚴詎不如叟之亮節何以從之兩山者群稱之士佐苟亮者竟作名臣出處判

為兩途尹與夷若殊其志趣也仕魯苟以清修自詡則三公不足以
豈遂遜夷之孤標乎以生貴胄然甘作餓夫困下僚者終淹宗國
師資同乎百世惠與夷若異厥性情也然則尹也惠也果何由自
其為聖乎聖人無急功近名之見而規模宏遠特舉千古之心傳
治法取而歸諸責任之中雖願望有似過奢而內則念舍我其誰
外則慮斯人不出天人交殉當躬之擔荷自覺難寬後之人想其
豐功乃知聖之任固如是也伊尹有之聖人無徇人枉己之為而
氣象雍容直化一世之躁氣矜情馴而養以和平之福雖丰裁非
不自勵而涵育於性天既厚陶鎔於學問又深物我胥忘斯世之

形骸不覺俱化後之人挹其雅範始知聖之和乃如斯也柳下惠
有之此其聖有與夷同造其極者焉任者苟非至仕何以暴君可
事就以五而不辭和者苟非至和何以故國可懷黜之三而不去
可知尹與惠行其素固與夷薇遺老極詣同臻耳所以於任見
聖之有為奏其勳用割夏邑於和見聖之無我薰化德如坡春風
此其聖有與夷各見其偏者焉任者一於任為兼善不為獨善惟
切牖民覺世之思和者一於和為近情不為矯有皇恤降志辱身
之誚可知尹與惠各率其真實無卯馬免偏端各圓耳所以仁
得乎聖之義讓不妨變為紀和奇聖之仁仕初無殊乎隱此[illegible]

惠所為與作夷等也。觀於孔子。

益夷之清比。又豈尹惠之

任且和比哉。

熟極而流詞無枝葉

且謂長者　二句　陳大俊

欲窮義外之說更即所謂詰之焉夫長之義原不在長者而在長之者也孟子欲窮告子之說能勿以所謂詰之乎若曰子謂彼長而我長是固以長者為義長之者為非義也不知長之名雖因人而起長之心實自我而生必謂長為無與於我焉者亦即是之所以謂長與我之所以相長者為之深思其意而求其說果安在耶長馬之長異於長人之長是長人為義長馬為非義也吾試即吾說以申之吾且□設說而叩之曰敬於長之□也我與長相遇而後應念而是則長焉者有示我以尊之者而無如長者嘗自以為長也

是長與不長攖□□不在人也謂□折之□□□□我相逢而後可端而見則我固有□也長為轉移□而無如□負為我所欲長也是長與不長責仍歸諸我也而猶謂長者為義乎如以長為義必所謂長者盡人莫不長之矣顧何以均此老成在望未必皆恂敬以相將則以長為義者非也而猶謂長之者為非義乎如以長之者為非義必所謂長者舉世莫不長之矣顧何以同一分位可尊不盡皆謙卑以自牧則以長之為非義者非□且亦思長者如為我是長者固將強我以必長之也何長者未嘗強我以必長之也未嘗強我以必長則我有以相長而長始得別為長耳且亦思長之者

如非義是我又將舉長者而概長之也何我未嘗舉長者而概長
之也未嘗舉長者而概長之則使我無以[illegible]而長亦祇名為長
耳且謂長者義乎長之者義乎此以知長之之禮雖為長者而行
必我先有長[illegible]之心而後彼之為長乃感觸於中流[illegible]焉不能自
已故義在長者與義在長之者直無待再辨而始明此以知長之
之情雖為長者而動必我獨有長之之念而後以彼為長乃斷決
於意因應焉無事外求故長者為義與長之[illegible]我尤可以靜思
而自悟子試即[illegible]前求之義外[illegible]恍然矣
氷雪聰明雖[illegible]大無碍

豈謂一鈞金

呂澂

論金於一鈞重金者當辨其所謂焉夫一鈞未始非金即一鈞金亦未始不重也然第以一鈞論重金者亦必謂是且以天下至重之物而謂必不以數之多焉拘矣然以天下至重之物而謂以[illegible]其數之寡焉抑又矯矣蓋物之重固自有在即物之所以重亦豈無因如謂其物既重即任舉之而亦無不重獨不思物之不必以數限者亦有時不得不為數限耶而詎可概視之為重耶不然以重於羽論金世以[illegible]然無足怪

耳且以金太可謂之重耳顧吾愚蓋僅以金論

首無往不形

重即金之未甚重者亦無待或人柱試不必多方
也而不僅以金論特不以重者三下重概即本以重稱
金者亦難以兼爭勢屬無常所操不當也拒也設也論金而枉於
一鈞乎人必無薄此一鈞而謂不足言金之重亦必無恃此一鈞
而謂遂足盡金之重何者重在金非在一鈞也且必無論金之重
而謂一鈞爲些鈞尤必無論重於金而謂一鈞能見重何者哉
鈞實重乎金也如以一鈞謂金且以一鈞爲重自吾思之則豈
其然大凡金之爲質時有大小之分使言金未舉夫神禹之鼎
鑄氏之鐘安在至重之名非於金乎專屬而無如第止於鈎是舍

其大而取其小直以金為不在大竟欲圍以鈎之小也其謂之何
抑凡金之為數又有多少之別使言金者以之積斤為鈎曰鈎
為石安在至重之實非以金爲嘗然而不知第止於一鈎是棄其
多而行其少以金為不必多備從限以一鈎之小謂之
然而謂之者不計此也推其意若不知金之為重而欲以一鈎奪
其權者又若明知所重在金而欲以一鈎屈其勢者曾亦思金雖
見重固非以一鈎為重也乎豈容強而謂此一鈎金然而謂之者
別有意也想其不解人之何以一鈎窮其說
又若深解人之曾亦思一鈎

金。究不。足彌金

何也。以所與

乃一興羽也。然則鈎之不足以稱金。

屈於一鈎。不益信

乎。

無往不收有無必縮曲盡此題能事

交聞文王　四句　　　呂澂

以形體論人若自愧其無所長焉夫文與湯非僅以形體論也乃交述所聞以自況而曰食粟而已非愧其無所長乎今使人有志前修以無片長不自表難乎繼述古人矣方古人從未聞當之考其軼事近驗諸當躬實有不當讓古人以所長者獨奈何旬顧之餘乃竟無一長以自見邪人皆可為堯舜夫子既以為然然則堯舜之為亦第長少食已中人所已矣何以自喜然以來人類紛擾要當飲食頎飫之三而其間魁梧異世所常稱者混貌奇相書弱有久之竊難忘

所聞云今夫曹也當日着緝匣敬之聖散月賤以後得此兩八意以方公二五靈舫山川非徒以居移氣養移體超出於凡庸而已者[illegible]一則十尺一則九尺交所聞文與湯僅如是且夫人氣質不甚相下也禀賦不甚相懸也日用飲食之切於人無智愚之異也今交不敏猶非得九尺曰寸己文與湯只惟是尺有所短寸有所長也者是雖不能與文怙冒四方如湯共球下國諒必與英聲馳後譽以自異於人非僅被色別聲偷安於食息而已矣孰知有不然者交乃憶所聞而皇然矣從古非常之業必待非常之人使交抱質以遊不能匹休前

聖則亦耕鑿食安耳何以造物挺生類皆間時而出而可今遡文
若應天之經由文溯湯若應地之紀交之適遘相對者竟中立於
其間是挺生之偶不可謂非幸也而僅以式飲式食自詡踐形也
與天則逝所生而憮然矣自來非常之人必有非常之稟使天賦
形無異難以媲美前王則亦齊梁是屬耳何以英姿誕命雖非並
世而生而文之前惟湯奇合洛書之數湯之後惟文爻符河圖之
文文之累累隨行者若參錯於其際具謙降之符不得謂無關也
而反以書[illegible]昌貽讖諱也耳[illegible]誠有愧於文與湯
矣特不[illegible]知何

三人詩彙

整散兼行言

入其疆　五句　王尊光

觀侯度於入疆、先有克謹者焉、夫重農尚賢、貴德用才、諸侯職也

而入疆皆可觀焉、非侯度克謹者乎、且二者、尚方脈俗所治維封

之於野也、宜乎田野學校之規、皆於此觀其大備、蓋亦田野乎

大和、農桑勸而國少游民、學校定其常經、蕊德崇斯朝多賢輔、古

盛時賢侯與職治、畎畝與治、士交隆、當夫王轄無路、而高穀之徐如、

懸心目矣、三王猶存、豈虛文哉、盍將以經國之規為諸侯望耶、吾

試即入疆而觀、藩服建之初、五等分封、日深、備界割宣

勝之壞日何如、貞廢行、衣裳車馬更以得八

共理相期初何女媧考績一尊鼎未備之日九州遠隔
先王不發之稱披此篇之圖曰宣開鑿下引之令曰務經安而
彈鳥弧煙更以有美必揚為氣吳何徵侯洲期屆始切課功然而
天入其疆猶未見侯度之克謹也兩說言曰乃觀鸞輿萬騎雲屯
予乘雷動爰自王畿之近以及侯國之郊則見原隰綺紛溝塍繡
錯禾黍之上均沾不辟也已熟之田野開治也天子遂輟而觀
低徊久之俄而諸侯率屬迎入國門父老扶輪秀髦侍□問高年
者國老庶老罔不饗也問有德者大賢小賢罔不尊也問懷才者
于人俊萬人傑罔不在位也是皆予入疆之始所欲知願相償

者爾侯何措置咸宜洽此此可見諸侯之能宣上德焉後世非無
明詔舉加明一科舉孝弟一科舉賢才異等一科而郡國視為具
文者無人以宣上德耳茲何幸碧華何修得覩嘉讌乎想其時黃
壤青黎咸稱沃衍耆頓白髮悉飫肥甘而且巖穴記真儒待以賓
師之禮班聯有羣彥收為輔弼之資合朝野以善措施斯固畫圻
徧歷以來所為罕覯者也而上德不衰以宣哉也又見諸侯之克
慰上心焉後世不乏重穡耕籍一有物拜老更代興求友正賢良
有與而奉行綜無實效者無人足慰上心耳茲幸黃屋初來獲
覩盛治乎想其時邠原阡陌罔少不[illegible]已彰蓋斯頤嘆無枵腹而且

三▯詩集

聊儀隆之禮不爽終老之也▯盡其材務俾分居樂職統士農
以歸運用之又之域周行所後所不易達洋也而上心不因以慰
哉慶之以地誰曰不宜
藻耀高翔文筆鳴鳳

入其疆　五句

林雲章

紀侯國之實政於巡狩時數之焉長貞囊敬老用人諸大政皆國之要務也天子故於入疆時驗之且列侯世守封疆豈惟是擁其壤土臣民厚自封殖云爾哉必將恢版宇言農桑敬高年尊道德旁招庶士明明在列濟濟翼翼能言也猗與休哉其績可臚為列不觀巡狩之典乎吾想未巡狩之先天子臨軒錫命進舉侯而授以疆索曰欽哉往蒞爾有土地焉為朕辟之有田野焉為朕治之有人民焉為朕養之尊之而宜一方曰俊髦人司備尚其矣之在位無曠厥治所丕天之大律也爾賢否其恪恭

之職、一人將樂觀聽、咸先矣而九重發令五載時巡天子乃樹
翠華之旗、狩之舊、龍溪七萃溪臨、農夫荷鋤而至
父老扶杖而觀士大夫塞路伏莫不欣欣然有喜色以相告也
曰天子入吾疆矣天子於是按圖稽田畝問耆年就見老臨
雍講學延訪人材卓哉煌煌真神武也迺有黃童白叟望塵道
左蒲伏而進曰自我侯之守茲疆也拔木刊道芟棘刈蒿秀明
農桑麻登三老五更勸顧問矣食貨王聖備國能知作備我皇
咸此用敢鋪張鴻勳揚厲自烈述賢伐功拜天子德曰碑載懿休
上聞天子曰俞維侯之勳尚其益懋治圖維厥終土田

當愈施膏澤尊耆上至當更切諮訪俊民用賢傑士咸奮當備求簡拔使農服先疇士食舊德以勤相輔國家無何風伯翼衛雨師灑道乘輿將發溫詔宣頒侯也乃地進律懋賞驟膺用以拜手稽首以對揚天子之休命

高文典册宏我周京

何其聲　　陳秉壎

重訝魯君之呼若難解於其聲焉夫魯君之呼自有其聲[illegible]無

者不能無訝也非有□不解於□聲乎且人之各有其聲

膚致辨者也乃有明屬其人之聲偏難定其□之聲

其聲若不能下還審其聲徐察其聲□不能不深其聲有

□聲方洋洋入吾耳也已不禁怦怦動吾心矣□門之呼而知為

非吾君以吾君有其□□□□其呼□然呼不明明有聲乎湫

隘囂塵之□□□□□一作其喧闐□□從紛傳徽□溢

為莊□聽夫豈等聲騰□□□啞以□□□通都大邑

有摩□聲時吟大轆轆[illegible]高警蹕之

聲動和鑾[illegible]於是[illegible]大之[illegible]來哉望一麗[illegible]之

清塵騎[illegible]擁後旌旄導前[illegible]非觀[illegible]方道左而忽以聲鳴烜赫

之感覺其音昭昭傾耳[illegible]者若不盡[illegible]而却顧[illegible]如抗如墜謳靡

等於于思為龍為光歌更殊於黔[illegible]自[illegible]於淇耳為謀之際想像

深之觀鑾旂之庭止司空視塗圬人塓館[illegible]盛禮於[illegible]而

更以聲警闔闢之側[illegible]有谷宿[illegible]當[illegible]者轉不免惝況[illegible]驚[illegible]

豆孟諸之田令申楚[illegible]豈[illegible]杙之舞[illegible]及晉侯能勿於從[illegible]

[illegible]時低徊久之無[illegible]呼若有聲呼[illegible]固自有其聲也吾茲竊自[illegible]

矣。假令其聲本魯君之聲，則我聞其聲，自可置諸不論不議之

列，而孰意賁然來者固魯君也。又何爲於其聲也。宗周之〻〻〻〻

昭大雅，知喤喤所云彼魯乃繹如說蒙之際，聆其音者當作如哉矣。

何以吾儕小人驟爲聆之，而亦惕然於其聲歟。設令其聲亦如魯

君之聲，則我聞其聲亦可安於不〻〻〻〻勤之常，而不意突如其來

若魯君也，又何解於其聲也。泮宮之乞笑未接，風流而扬扬所宜

凡景山大河之間聽其聲者不勝詫矣。何以隆儀在望，徐爲

察之而後知於十六字之旨也。以其聲似我君也，天下同〻，如

此之悟似者乎

詩圓流美

好名之人　一節　　馬近光

好名者以讓盜名，實其怨於名所不在也。蓋千乘之國，名所在也；簞食豆羹，名所不在也。能讓不覺見色矣。孟子爲好名者揭之。若曰：天下輕富貴之人，大抵皆重富貴之人也，以特以輕富貴爲愚人之術，欺人受其愚而不覺者之，以至美之名歸之，謂之貴且不難見輕。凡天下之物，必無不在所輕也，即何弗即與之？不經心者爲之一察耶？語有慨於好名之人：上世不爭名譽之隆，而萬鍾弗顧，千加以好名。上尚其道義者，居心絕無矯飾，事可信。然身名不務，名而好之，而惟辨之，背而行。孤竹遜位，不過自率其天衮改內心又事矜細行疏於大節而獨難以概夫好名之人者何哉……豈加千乘之國乎入國至千乘……不豔之宜也又甚可欣豔甚可惜也……觀好名之人則竟能讓矣名所屬以讓竊之名所歸以讓據欺心者又轉藉以欺世乎不有物之至微若簞食豆羹乎夫食……簞豆誰不讓之宜乎得又足喜失不足憂也而苟非能讓之人則亦見色……名……為動名不及而色為形……責真情乎以此見……所急而觀所忽焉使彼掩……猶國大……其驚愚飾智之能……豆之微亦以讓于……之術出之何……露……情形然而不自知矣徐

察之則變矣讓者一時襮爵既非所貪見亦一時口腹胡然為累任好名者方自信讓國之大何於人而不虞以簞豆獻其醜也第易千乘而簞豆其動色竟如斯試以此見觀人者勿徇其大一其小為使彼彌縫獨密留心於薄物細故之際以食之細仍以讓千乘之舒行之豈遂顯呈其幽隱而不及防矣縱勘之以貌矣讓以有所行誼居然豪傑見於無意攘奪競於纖毫在好名者且自恃讓國之先聲可恃並不抖於此而伺其隙也乃舍千乘而食羹其變色見於此哉得吾說而存之所處好名者必有以似何能愚人人不可至甚何至若此愚哉

清愁撥俗筆無塵

何以是嘐嘐也　涼涼　周殿修

述鄉原之譏狂獧若有所深訴者焉夫嘐嘐正以成其狂踽踽涼涼正以成其獧也鄉原乃以訴之若譏之孟子所由述其言與想其意若曰吾不解夫不近人情者何以各行其志也亦不足坊表人倫而只言不慚動輒稱先則古太只足楷模後進而經行自遂好為立異矯同試為士友其實並述其詞即於字以窺其旨亦令人反覆推詳為之深訴矣今夫人重去[illegible]重修能自古所以崇實學尚和光不尚[illegible]而吾[illegible]所以貴通方也茲竊有惑焉以彼賢達之流[illegible]遊[illegible][illegible][illegible]出諸口者既形虛誕存諸內者又少情誠

雖復古人與古以爲心無究竟虛慕以彼孤高之輩不樂苟就
時趨而人皆以矜爲爾彼偏以偏爲有守雖亦行爲亢凛
覺莫索莫往總屬矯情試觀其言嘐嘐然志非不大也而言亍絕
不自顧情近於誣矣深契古人又奚疑乎試□□行踽踽涼涼節
非不堅也而庸行舉所不爲心鄙於目矣概薄今人非自固乎人
必心口如一斯志趣不涉虛浮果其勉不足而有餘縱不必潔
念古人而往哲雖遙已息息相通於寤寐人必溫厚可親斷節撙
不局孤孑果其爲圓通不爲耿介亦自可力敦懿行而盡人吾與
非硜硜自狃其故常而何以嘐嘐然竟如是也而何爲踽踽涼涼

者又如是也謂高其志願即可與古[illegible]徒筋我龐隈何能於人無忤似嘐嘐者已可希賢希聖踽踽涼涼者不愧獨清獨醒矣不知內與外既不相符雖古人尚不[illegible]能與介既為過當則詭行又何足稱對舉焉以核其真無論局外代為驚疑即[illegible]自叩亦懷慙不覺其計之太左也可不[illegible]然思哉[illegible]許既高方可抗心希古居裁自峻不容狂已以徇人似嘐嘐者可合[illegible]之英[illegible]踽涼涼者亦為一齒之[illegible]矣不知能空談[illegible]實踐古人豈引為同心持已見而忤羣情[illegible]行復[illegible]於堅僻並衡[illegible]以深其隱微特旁觀代為嗟訝即[illegible]該[illegible]互怪其心之徒勞也曷勿廢然返哉

鄉原之爲言柔善

機神洋溢水到渠成

何以是嘐嘐也　涼涼　王尊光

抑鄉原譏狂獧之意若以高潔為非焉夫嘐嘐者狂之高踽踽涼涼者獧之潔也鄉原均不滿焉故因其高潔而譏之孟子推上之若曰吾不屑好高之輩胡以若是過高也又不屑不潔之徒胡以若是過潔也夫高與卑異矣必以高自詡將天下盡屏之於卑矣潔與污殊然必以潔自矜將天下盡流於濁矣亦高者身潔誰知豈抱此自高潔之懷遂足云立身之極耶今夫人苟物恒交飭奚必概薄乎吾人苟物我交孚詎至見跡於同類彼太高太潔何爲　慕高絕之名而丞以卓爾不羣者追蹤曩

哲因之所著言　克有樞機其意願非不甚高也然而妄矣
是又抱獨清之概所思以然不染者立當時因之刻苦自持
不嘗故分吟識其不屑非不甚潔也以而拘矣妄也拘也人之弄
若人也其謂之何而何以自命孤高者乃不自　妄也言與行
不能相顧傲云小過無焉　與古豈盡相符輒欲繁稱不已空談
何補而奢願難償則其嘐嘐也有然一世何為自居修潔者若不自
覺其拘也謂制行必厲廉隅處己不妨太峻謂敦行必矜崖岸待
人不容稍寬獨立無徒而相親寡侶則其踽踽涼涼也有然且夫
疏節闊目之為未可云高尚其志也徑情直行之態未可云欲潔

其身也而好古者不恤庆時勵行着每輕遺衆何哉人雖期許至
高亦難以坊表未端遽希賢聖人雖操持至潔亦難以禮儀盡竅
悉絕交游若人何所有所偏也一則偏於高明遲虛薾反忘實踐
一則偏於潔淨務正性反蹈冥情當其率意孤行幾欲各行其是
而不知流爲奇詭奚堪紹前徽内外交譏奚用力持小節乎圓
倍端而沾沾自是吾竊爲若人羞之人卽窮　卑下於吐詞
舉足取法先民人以侵潔爲懷亦以於接物持躬無乖大雅若人
何兩有所失也一則失人　瓶等尚高談而品詣先虧一則失於偏
衷思潔　胡末　當其縱心孫注亦欲各立其名而豈知其

悔尚多矣答佇禍一坎周旋難協矣能易董一時乎甘失計而昧昧以終吾竊爲若人異之吾之處世固有道耳何必以是爲哉

筆情清曠洒然出塵

若太公望散宜生

胡玉峯

臣有開師友之局者於周得二人焉夫太公望以所稱散宜生以友稱是開師友之局者也故繼禹皋伊萊而終述之且我周之興也十亂篤生論者謂戡定之才遠軼前古焉抑知才足以佐永清之績不如德足以襄敬止之修蓋有其君實殿帝王之統而其臣若開師友之局者吾於十亂中得二人焉曰太公宜生由文王至於孔子視湯文之歲數仍無不同是帝王之授受文王處其困而師友之觀摩孔子爲之首創也然自吾考之則有先孔子而開其局者古來有臣所以師事者師保疑丞之設所以待隆位號不

必備致其尊崇也何以非熊符吉夢而丹書拜受竟比於陳疇訪範以六老歷天子之尊古未有臣而以友稱者股肱耳目之司所以宣力翼爲不必何以於攻錯也何以獻馬效孤忠而青史[illegible]竟等於洛號詢虞以賢輔擬良朋之盛則有[illegible]之望乎渭水後車之載還合已在暮年天若因道統之難延特創帝師之局又有若散宜生乎玉門求脫之秋宣力猶當早歲天若因道統之相繫特成帝友之節然則文王之得望也非猶舜之得禹皋陶湯之得伊尹乎朱乎振古之殊尤半由世族太公係原太岳實同帝廷之皋野並出神明宜生世處寒門不同商邑之伊萊遙承華胄門第

逈不相侔，或遂疑鍾毓之不無軒輊矣。豈知上贊乎文，更能維持五百餘歲之精神，而兩人並稱爲名世。與朝之佐命，半列侯封。太公壤啓青齊，幾如來禹之雲仍並隆于古；宜生數崇豐鎬，不如伊莘之位望特絶班聯。酬庸既非一致矣，且疑名德之顯判低昂矣。豈知深資下文，且以焜耀五百餘年之史乘，而兩人儼若有同符，蓋見而知之也。若夫生當周季，以一人而兼師之任者，於道統又將何如耶。

以師友立論，意有關注，末比尤見翻空易奇之妙。

賦得詩書敦宿好

得敦字五言六韻

誰識詩書趣，還欣宿好敦。古手思妙契，此日想微言。道義資朋知己文章

緒奇原快如蘭共臭契竟虎為蕭石鼓新曲紀人緣旧宅論窮發風

雨後端不計晨昏

同文書庫·厦門文獻系列

第一輯

壹 王步蟾 小蘭雪堂詩集

貳 張茂椿 固哉叟詩集 寄傲山房詩鈔
翁吉人

叁 蘇大山 紅蘭館詩鈔

肆 沈琇瑩 寄傲山館詞稿 壺天吟

伍 林爾嘉 林菽莊先生詩稿

陸 李禧 夢梅花館詩鈔

柒 余謇 寶瓠齋襍稿（外三種）

捌 蘇警予 甲子雜詩合刊 菲島雜詩 海外集
謝雲聲

玖 羅丹 稚華詩稿

拾 徐原白 同聲集

第二輯

壹 謝祐 賦月山房尺牘

貳 黄瀚 禾山詩鈔

叁 邱煒萲 揮麈拾遺

肆 林爾嘉 頑石山房筆記 紫燕金魚室筆記
李禧

伍 蘇逸雲 臥雲樓筆記

陸 陳延謙 止園詩集 鐵菴詩存
劉鐵菴

柒 陳桂琛 陳丹初先生遺稿（外一種）

捌 賀仲禹 繡鐵盦叢集 繡鐵盦聯話

玖 蘇警予 二菴手札

拾 虞愚 虛白樓詩

同文書庫·厦門文獻系列

第三輯

壹 胡鉉 椽筆樓初集
貳 吳錫璜 吳瑞甫家書（外一種）
叁 邱煒萲 菽園贅談
肆 蘇逸雲 臥雲樓雜著
伍 蘇警予 曠劫集
陸 黄伯遠 莊克昌 紅葉草堂筆記 感舊錄
柒 葉長青 松柏長青館詩
捌 海天吟社 鷺江梅社 海天吟社詩存 鷺江乙組梅社吟草
玖 林爾嘉 菽莊叢刻（外二種）
拾 陳桂琛 近代七言絕句初續集

第四輯

壹 吳藻年 吳兆荃 繪秋樓詩鈔 小梅詩存
貳 呂㵾 介石山房詩稿（外一種）
叁 邱煒萲 嘯虹生詩鈔
肆 李維修 寸寸集（外一種）
伍 沈觀格 拙廬談虎集
陸 江煦 草堂別集 圭海集
柒 謝雲聲 靈簫閣謎話初集
捌 曾兆鼇 玉屏書院課藝
玖 林爾嘉 菽莊小蘭亭徵文錄 鷺江泛月賦選
拾 江煦 鷺江名勝詩鈔